基隆雨港二二八

張炎憲
胡慧玲⊙採訪記錄
高淑媛

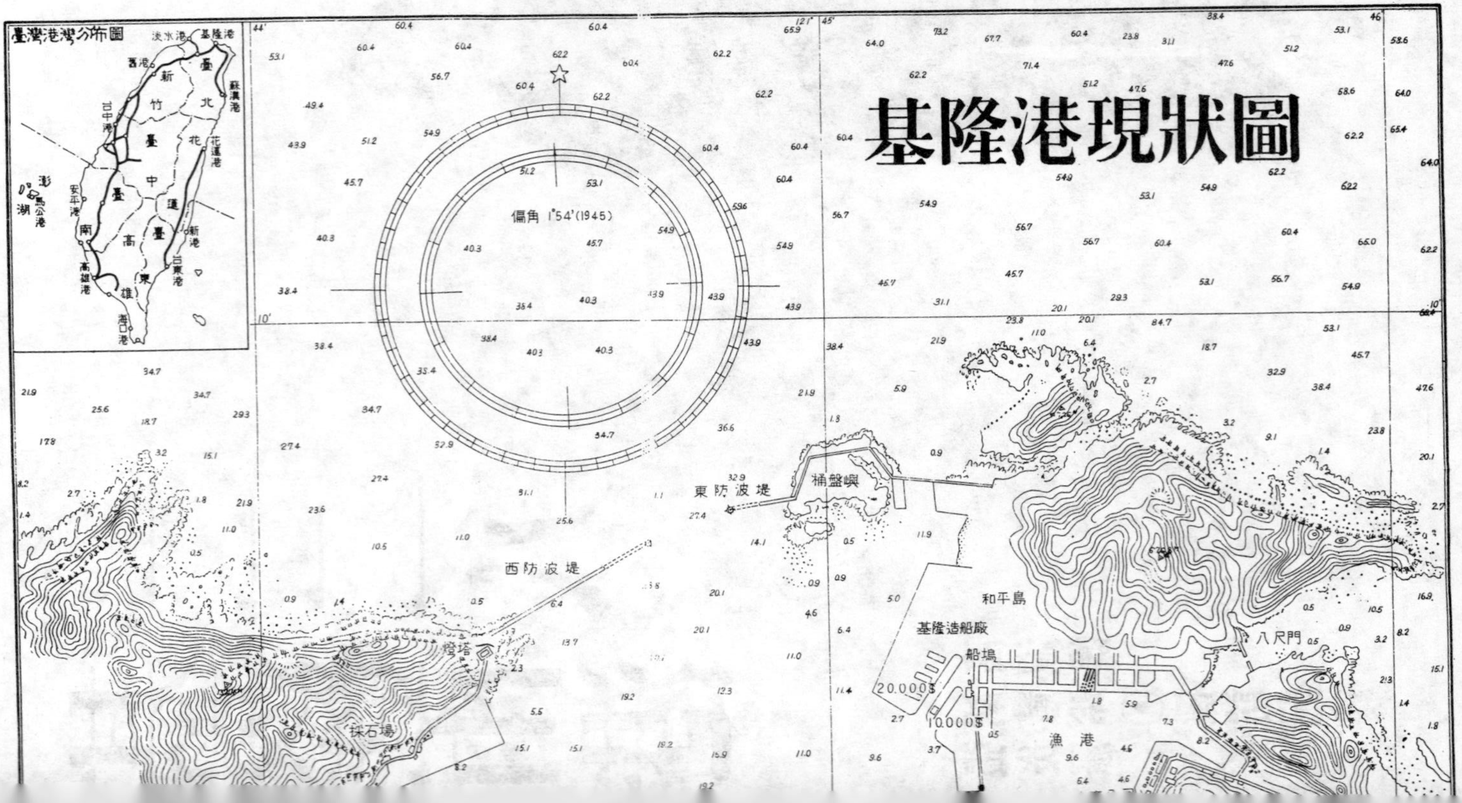
基隆港現狀圖
臺灣港灣分布圖
基隆港
淡水港
舊港
蘇澳港
台中港
花蓮港
安平港
新港
台東港
澎湖
馬公港
高雄港
海口港
臺北
新竹
臺中
花蓮
臺南
高雄
臺東
偏角 1°54'(1945)
東防波堤
西防波堤
桶盤嶼
和平島
基隆造船廠
船塢
20,000$
10,000$
漁港
八尺門
燈塔
採石場

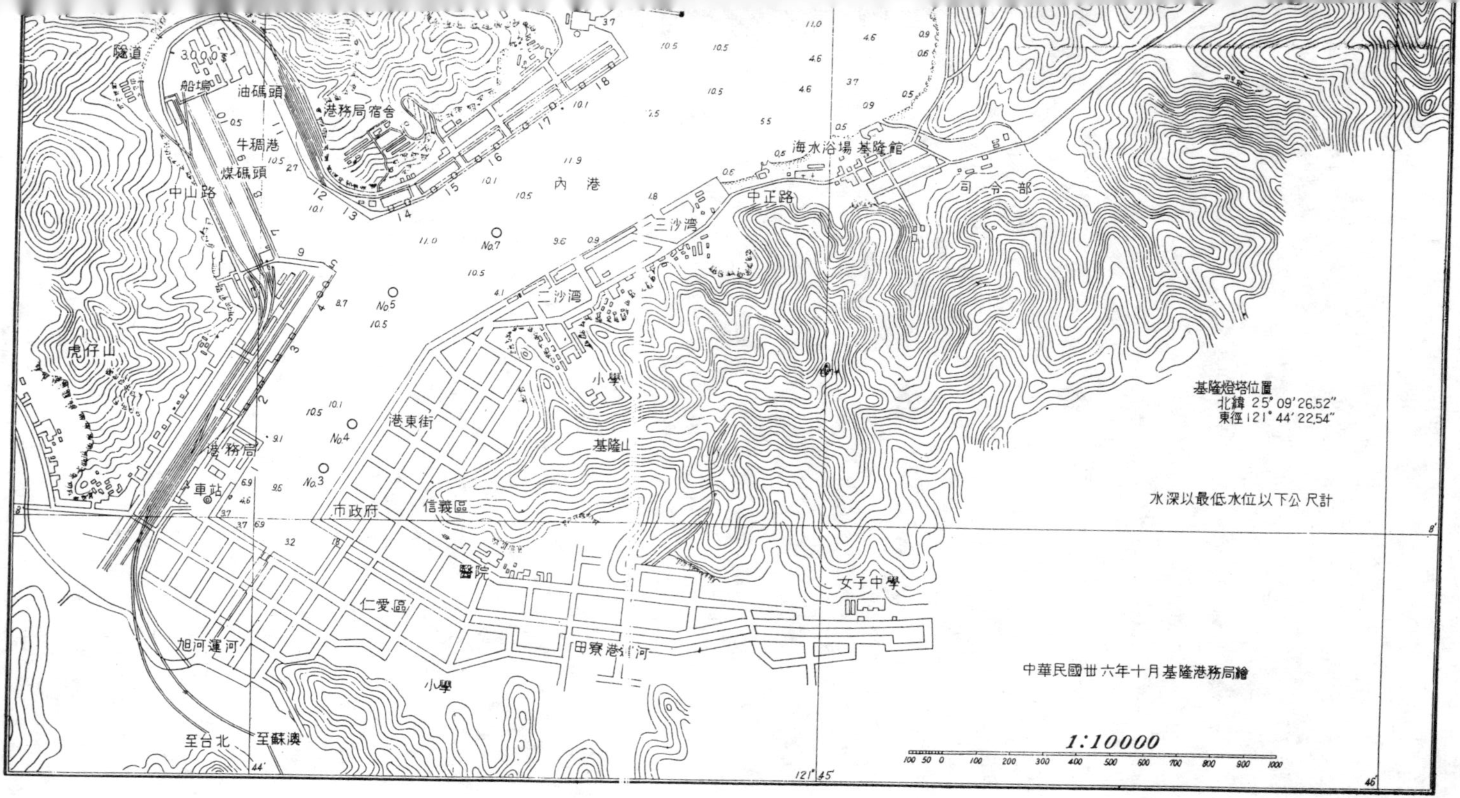
隧道
船塢
油碼頭
港務局宿舍
牛稠港
煤碼頭
中山路
內港
海水浴場
基隆館
中正路
司令部
三沙灣
二沙灣
虎仔山
小學
基隆山
港東街
港務局
車站
市政府
信義區
醫院
女子中學
仁愛區
旭河運河
田寮港運河
小學
至台北
至蘇澳
基隆燈塔位置
北緯 25° 09′26.52″
東徑 121° 44′ 22.54″
水深以最低水位以下公尺計
中華民國廿六年十月基隆港務局繪
1:10000

序一

林宗義

繼《悲情車站二二八》出版之後，以張炎憲教授領導的民間二二八口述歷史小組，克服各種主客觀的困難和問題，完成基隆地區的二二八口述歷史的工作，實在令人感佩。我個人並代表二二八關懷聯合會理監事以及會員，向張炎憲教授、胡慧玲女士和高淑媛女士，衷心致上我們最高的敬意。

我很幸運閱讀《基隆雨港二二八》調查採訪記錄的原稿，再度確認口述歷史對二二八事件眞相之理解及其原因之探討，有極爲重要的價值。這種重要的價值，不光只是彌補官方出版的報告書漏失之各項資料而已，例如，更加詳細描述受難／受害者生前死後的家庭或工作的情況、戰後臺灣人和外省人相處的情況、一般民衆在屠殺時的恐懼、慘痛逃難的情況等等在官方報告中較少提到的資料，而三月十七日以後的清鄉和白色恐怖的體驗實況，也是很寶貴的資料。

從本書收錄的調查採訪，可以看出基隆地區屠殺實況，有其地域特殊性四點如下：

一、三月八日國民黨軍二十一師登陸後，立即展開不分對象的掃射，導致許多碼頭工人、路邊生意人和過路行人的受傷和死亡。目擊者或家屬深怕招來更多的痲煩和災難，不敢接近現場救治，也不敢爲死者收屍。這些死屍大部分棄置路旁或踢入海裏或集中亂葬，事後很難辨認其姓名和身分。口述歷史工作者只能依靠目擊者之描述記錄，這也導致各受難者之記錄淪爲過度簡化或片斷化。基隆地區的口述歷史，所幸採訪到有人被掠、且被國軍用鐵線綁緊後，開槍踢落海底，萬幸死裏逃生，以活生生、血淋淋的親身體驗，證實了二二八事件中官兵殘酷不仁的殺人暴行。

二、受難者的社會階層有兩極化傾向，一方面有不少菁英階層如醫生、牙醫、市議員、鄰里長（保正甲長）等地方士紳，受「帶路人」帶來的士兵，當場槍殺或帶往他處槍殺或此後行方不明。另一方面則是有許許多多下階層的住民，或被掠奪家具、財物或商品後，再被槍殺或打死。

三、有不少年輕人、學生在街上被國軍帶走或被殺，有一部分被「帶路人」與士兵從家中帶走並槍殺。這些青年大都是品行、學業皆優，就讀於中學校、工業專科學校和商業專科學校，被期望成爲未來社會領導者的一羣。他們對終戰以來的中國來臺官兵之貪汚、亂行，深感不滿，自二二八事件發生後，即組織團體，維持各社區治安工作，其中難免有人做出集體反抗的計劃或行動，不幸經人告密，而被掠走槍殺，但其中大部分死難者卻是志願服務而維持治安的優秀青年。

四、口述歷史中，時有「唐山人」出現，是指日治時代從福州、溫州等中國東南沿海來臺的勞動者，他們處境困難，被日本政府歧視，給予差別待遇，所以部分人士對臺灣人抱著複雜的恩怨情緒。國府接收人員來臺後，他們相對得到不少權利和優越地位，二二八事件發生後，二十一師登陸基隆港，他們以特殊身分和語言便利，充當國軍士兵的通訊、嚮導和情報員，導致許多公報私仇和擄人勒索的悲劇。

二二八口述歷史的採訪調查，目前未曾停歇，還在臺灣各地進行。除了基隆地區之外，嘉義地區的工作由嘉義市政府委託張炎憲教授與二二八嘉義分會會長陳重光先生負責，臺北地區也是由張炎憲教授負責，臺南高雄地區則由中央研究院許雪姬教授負責。

我希望這本採訪調查的記錄，能把基隆民衆受難概要，呈現給臺灣人民，增進臺灣人民對二二八事件眞相的了解。我期待更多的資料繼續出土，受難家屬的心理、記憶和街路傳聞的各種片斷史實，漸漸重見天日。

整理後，一齣完整悲劇史頁的問世，和臺灣人民以史爲鑑的日子，終將來臨。

一九九三年十二月

序二

吳樹民

《基隆雨港二二八》，是二二八關懷聯合會與吳三連臺灣史料基金會繼《悲情車站二二八》之後，又一本二二八事件口述歷史的結集。二二八口述歷史工作的持續進行，代表的是讓歷史歸位、讓史實重現的重大意義，我個人對於此一工作的持續進行，一直抱以關心。

口述歷史，在某一個角度來看，具有存眞留實的功能，特別是對四十多年震撼臺灣社會甚鉅、影響臺灣歷史走向的二二八事件來說，透過當年倖存、生還者乃至目睹者的追述，應該有助於臺灣社會了解當年臺灣人所面臨的慘痛經驗；並在與官方資料比對之下，正確了解二二八的本質及其眞相。

因此，像《基隆雨港二二八》這本口述史自然就是彌足珍貴的臺灣民衆史料。經由學者張炎憲教授、胡慧玲女士和高淑媛小姐的訪談紀錄、採訪調查，許多不爲人知的人間悲苦、歷史錯謬，以及當年國民黨軍隊的作爲，都留下了聽證。這是一個公道還給人民、眞相留給歷史的事業，我對於三位先生女士所做的努力要致上敬意。

事實上，這些來自基隆每個地區、不同人士的口述史料，讀來都令人爲之心驚、也令人感到難過。這些史料一方面是受難者及其家屬或目睹者刻骨難忘的噩夢，同時也是全臺灣二千一百萬人共同回憶的一部分。前事不忘，後事之師，我很希望，所有關心臺灣人民幸福、族羣和諧的人士，從這一系列的口述歷史中嚴肅思考如何開創臺灣新路的課題。

這是一條漫長的道路。追索眞相、彰顯公道、迎接和平，需要更多的寬容、信念與希望，願大家一起持續不懈，爲臺灣的明日作出貢獻。

一九九四年一月

目錄

二、瑞芳

二二八民衆史觀的建立

——基隆二二八事件的悲情

張炎憲

一、二二八事件的歷史舞臺——基隆

自一八六〇年臺灣被迫開港以來，基隆與高雄，逐漸取代淡水和安平，成爲臺灣南北兩大商港。

基隆地當臺灣東北角，東西南三面環山，北面朝海，因東北季風的吹拂，終年多雨，素有「雨港」之名。一八九六年，日本據臺初期，基隆市街的人口約爲九、五〇〇人。一九一九年，基隆臺北間的雙軌鐵道完成，八堵至瑞芳的鐵道也通車。一九二〇年，臺灣地方行政改制，基隆設置爲郡，下轄基隆街與萬里、金山、七堵、瑞芳、貢寮、雙溪等六庄，基隆郡人口爲一二四、七六二人，市街部分人口爲二一、八〇四人。

日本統治時期，總督府積極規劃基隆築港計劃，改良港口、興築道路，整頓市容和發展貿易，基隆市人口乃急速增加，日趨繁榮。一九二四年，基隆與高雄同時改制爲市，當時基隆市人口爲五八、

五二四人，高雄市則為四三、二四七人。至一九三〇年，基隆人口一〇〇、一五一人，反而落於高雄之後，次於臺北、高雄、臺南，成為臺灣第四大都市。

二次大戰時，因受太平洋戰爭的影響，一九四五年基隆人口減至七六、六二〇人。戰後，一九四六年底增至八二、九九一人，一九四七年二月，臺北縣七堵鄉併入基隆市，行政區劃分為舊市區的中正、信義、仁愛、安樂、中山和新市區的七堵、暖暖，總共七區。到一九四七年年底，基隆人口達九九、四六八人。

在日本五次築港規劃下，基隆港埠設備齊全，已是碼頭工人、貿易商、運輸業者的聚集地。再加上瑞芳、九份、金瓜石和基隆市周圍的山丘，自日治時代以來，盛產煤、金，吸引許多淘金客、企業家前來開採，也形同煤礦工人、金礦工人的匯居地。

基隆是個港都，又有特殊的產業——煤和金，使得這地區的住民呈現職業比例的特色。據一九三〇年基隆市民職業調查，前五項分別為商業人口二三·六%，交通運輸業二〇·九%，工業一六·九%，礦業七·九%，漁業六·三%，共七五·六%，其次為自由職業四·五%，農業四%等。這個職業人口比例，顯示基隆是以商業、貿易和工礦業為主的港都。

二二八事件發生時，基隆的碼頭工人、煤礦工人死傷甚多，是臺灣各地所罕有的現象，這需從基隆產業結構的特殊性來了解和分析。

二、基隆二二八事件的官方報告

二二八事件發生後，楊亮功奉監察院長于右任之命，自三月八日來臺調查，至四月十一日離臺，計留臺三十四天。其調查二二八事件報告書中，記載基隆市的情況如下：

自臺北市二二八事件發生後，基隆以距離甚近（二十九公里），交通極便，故首先波及。二月二十八日晚，當地流氓首於戲院毆打官兵及外省人士，中權兵艦水兵一名當場被毆斃，並傷及士兵及外省人十數名，繼即進攻警察局等機關，經憲警及要塞司令部派出隊伍開槍彈壓，始行驅散，當晚即宣佈臨時戒嚴。以後情形略見平靖。三月四日乃宣佈解嚴。惟以其時臺北日趨緊張，暴民又蠢動，然後組織二二八事件處理委員會基隆分會及青年同盟，同時強迫市民，按戶征集壯丁，準備暴動。八日下午二時，暴民五六十人欲衝入基隆要塞司令部，經守兵開槍迎擊，死十餘人，是晚後，宣佈戒嚴，同時憲警搜查戶口，逮捕嫌疑人犯九十餘人，搜獲擬炸燬碼頭阻止國軍登陸之炸藥二百餘箱。於是變亂始告平定。據基隆市政府及要塞司令部之報告：共計死傷軍警及公務人員一百五十三人，公私損失值臺幣六、六八四、七三〇元，民衆及暴徒死傷一百零三人。

而據一九九二年行政院《二二八事件研究報告》指出，基隆民衆遭殘殺的情況是這樣的：

據基隆要塞司令部報告，自三月九日起展開掃蕩綏靖區内之暴匪，先後在基隆市、金包里（今金山）、瑞芳、九份、金瓜石、四腳亭、淡水等地清剿，至十二日止，計當場槍斃匪徒二十餘人，而綏靖期間逮捕奸暴判處死刑者三人。惟據美國對華白皮書，三月十三日有學生一○○名被處死；十四、十五日有多具屍體飄浮基隆港内，估計約有三○○人慘遭虐殺。另據臺灣旅京滬七團體報告指出，三月八日至十六日，基隆遭屠殺者約二千餘人。

行政院《二二八事件研究報告》整理歸納基隆地區有四個重大案件：

1.基隆市區掃蕩案：三月十日清晨，部隊在鄰近港口各地進行掃蕩，按家逐戶敲門，將每戶男性壯丁押解出門。

2.楊元丁案：三月八日（或更早），遭士兵（或謂便衣情治人員）槍殺於街上，並踢入河中。

3.八堵車站事件：三月十一日，突有軍用卡車兩輛載著士兵至八堵車站，見人就開槍，當場有謝清鳳等七、八人被槍殺，又有站長李丹修等八人押上車後，迄今生死不明。

4.金山事件：三月十日，突有一輛軍用卡車滿載士兵，駛入金山，沿街瘋狂掃射，致有一時躲避不及的路人吳蓋一、高氏環夫婦、商販劉萬壽等中彈斃命。

一九四七年的楊亮功報告和一九九二年行政院二二八事件研究小組的報告，時間相去四十五年。四十五年之間，臺灣的政經社會歷經重大變革，歷史解釋也發生重大改變，漸漸從中國正統歷史觀轉變成臺灣主體歷史觀。當年楊亮功的報告，完全站在中國的立場，調查臺灣人反叛中國政府的行爲。四十五年之後，行政院在高漲的臺灣意識的壓迫下，不得不成立二二八事件研究小組，其目的在以學術界的研究報告，撫平民怨，脫卸責任。行政院二二八研究小組的報告，較之過去國民黨的官方宣傳或既定官方說法，顯然有所進步，且蒐集了散置海內外的史料，整理分析、敍述，雖未能直指問題的核心，但在因應時代變局的情況上，也採納部分民間觀點和研究成果。

但是，官方報告在左顧右慮所謂「中立」的考量下，無法深刻描繪當時的歷史情境、臺灣人民的憤怒、怨懟、哀愁和呻吟的心聲，這種種有形無形的束縛，也是不難理解的。

四十七年來，臺灣人民的二二八經驗，無論是傷痛、悲哀、仇恨或恐懼等錯綜複雜的記憶，已成爲臺灣兩千一百萬人民的共同歷史遺產，文化創作的思想來源。深入調查訪問二二八事件，讓無辜大衆的聲音得以發出，讓社會民衆得以體驗那段悲慘的日子，乃是這一代人要眞實面對自己命運時無可逃避的責任。

三、基隆──二二八的悲情

這本書總共收集三十篇訪問記錄稿，訪問範圍以大基隆地區，即日治時代的基隆郡爲主，包括基隆市區、瑞芳、萬里、金山等地區。基隆市區又以事件發生地點的特色分成：港口碼頭，即基隆車站、港務局、基隆市立文化中心附近的港墘碼頭；田寮港運河；基隆舊市街，包括博愛市場、公園頂、南榮路一帶的舊市區；月眉山；三沙灣，接近基隆要塞司令部的澳灣；社寮島事件，即現在的和平島附近發生的事件；暖暖；七堵；老人會，以仁愛區老人會成員的二二八經驗爲主。三十件口述歷史訪問，並非一案一人，有時一案包括數人，如社寮島事件內含四個家族的命運；老人會包括六個人的口述歷史記錄。

本書三十篇訪問稿的內容大致呈現出以下的特色：

1.屠殺時間都在三月八日以後，直到五月二十七日還發生屠殺。

基隆市參議會副議長楊元丁在三月八日下午國民黨軍隊登陸後被槍殺，五月二十七日，林阿土在野柳海邊被處決，其他死難者都在三月九日至三月二十幾日之間被抓被殺。

國民黨軍隊三月八日下午登陸基隆之後，臺灣局勢頓然改觀。三月八日之前，臺灣人打阿山，阿山逃難受保護，國民黨軍警與臺灣人相互對峙衝突；三月八日之後，臺灣人在軍火鎭壓下，變成被獵殺的對象，任人宰割。

2.鐵絲貫穿手腕腳踝，集體屠殺，丟入海中。

傳統中國慣常在臨刑前，押解人犯遊行示衆，光天化日之下在羣衆面前就地正法，以收懲一儆百之效。國民黨對二二八事件的整肅，不僅承襲舊制，還遠遠超過舊中國的殘酷不仁，視臺灣人爲反叛者、敵人，以對敵作戰方式鎮壓臺灣人，用鐵絲反綁人手，貫穿手腕腳踝，若干人串成一串，集體槍殺，在大腦或背後補上一槍，踢入海中，縱使當場槍殺未死，也難逃溺水窒息而死。且綁上石頭，讓屍體無法浮出海面，任由海浪衝擊，流入大海，餵飽魚腹。除了臺北淡水河有鐵絲反綁連串，處決後丟入河中的記載之外，以基隆地區的死狀最令人怵目驚心。

本書也調查訪問到當時身歷其境的林木杞，記錄他隱瞞了四十幾年基隆碼頭的死裏逃生。當年林木杞被鐵絲貫穿手腳，因被綁在九人一串的最邊緣，槍擊未中，落入水中後，掙脫鐵絲，摸黑游泳上岸，倖免於死。林木杞的腳踝至今仍留有疤痕，行動不便，心靈的創痛雖無法探測，但其無助的眼神和備受摧殘的蒼老身影，卻是二二八腥風血雨的顯影。

3.用錢贖回生命，也有用錢贖不回生命的。

見證者張梓隆當街被抓後，家人用五萬元贖回他的性命。煤礦大王顏欽賢用錢買回兒子的性命，要兒子從此遠走日本，不要再回臺灣，周金波的妻子也用錢買回丈夫的性命，從此不再相信中國人。國民黨軍憲警這種無法無天的惡形惡狀，已非貪污腐敗所能形容。

名醫郭守義就沒有如此幸運，他在獄中寫了兩封信，要家人帶錢來贖。不知何故，信始終沒有交出去。郭守義被槍殺後，家人才在他衣服口袋中發現那兩封信，家信成了遺書。家人見信，傷痛不已，至今仍然保留此信。但根據其他見證者的陳述，郭守義在基隆極孚衆望，活動力强，又參與民間組織，國民黨視之如寇仇，如芒在背。翦除基隆地區的領導菁英，摧殘臺灣社會的民間力量，應該是郭守義被殺的最主要原因。

國民黨槍殺臺灣人民，有其選擇的標準，輕者可以用錢贖回，重者格殺勿論。從國民黨在二二八事件後發布的通緝名單，即可了解其標準。例如，事發時，廖文奎、廖文毅兄弟人在上海，不曾參加二二八事件，仍被通緝，可見國民黨抓人、殺人的標準，不是有無參加二二八事件，而是其平日行爲作風有無妨礙國民黨的統治基礎。

4.視臺灣人民爲叛亂者。

見證者林成枝，當時在電信局工作。兵仔要求其同僚打電報給中央，電文中說「臺灣造反」，要求中央迅速派兵來臺，兵仔並且知道登陸的時間，要電信局的朋友不要出去，免受池魚之災。這是國民黨視二二八事件爲臺灣人造反的明確證據，亦可證明國民黨統治的本質，以及當時陳儀公開說尊重臺灣民意，暗地卻向中央打電報求救兵，準備屠殺鎮壓的計謀。

見證者郭鍾美在住家三樓，看到三月八日下午三時左右，國民黨的運兵船抵達基隆港口，兵仔上岸後，用機關槍四處掃射，邊走邊射擊，連在碼頭等貨物的無辜百姓，都被槍殺，東倒一個，西倒一個。兵仔見到人就殺，彷彿身處殺戮戰場，對付敵人。

國民黨軍警視臺灣人民爲敵人，當街任意逮捕、槍殺路人，或恣意闖進民家搶劫物品。當時的基隆，不管是在船塢、港灣、河川，處處是屍體，有時一處就橫陳著二百多具屍體。臺灣人的悲情，基隆一隅，就是無遮的歷史控訴。

四、民衆史觀點看基隆二二八

在基隆地區二二八口述歷史中，姓名清楚的受難者計有二十八名，留學日本者僅有三位：郭守義畢業於日本東京昭和醫專，周金波畢業自日本醫科大學和早稻田大學的莊木火。其他較高學歷者有畢業於臺北工業學校的許清風和陳朝輝，蘇仁正是臺北工業學校的在校生；許海亮畢業於臺北農業試驗所；公學校畢業者八人：楊元丁、劉新富、陳天賜、張梓隆、林阿土、林清泉、周木榮、許登瑞，讀過漢學者二人：陳老九、許金來；餘爲不詳或不識字者。

受訪者的職業別，民意代表有基隆市參議會副議長楊元丁，臺北縣參議員許海亮；里長游竹根、陳步錫；教育界如瑞芳國小校長莊木火、國小教師楊國仁；醫生有郭守義、周金波；工廠經營者有許清風、劉新富；開金店的林清泉；工程師陳朝輝；碼頭工人陳老九、翁麗水；修船工人有杜源昌、藍燈旺、呂金土、許登瑞；礦工有陳天賜、林木杞、張梓隆、林阿土、周木榮、胡木土；商販有謝福清、簡火木；建築工有許金來；農人有郭呆仔等。

綜觀以上，由其學歷和職業，可知基隆二二八受難者的學歷多半是公學校畢業或不識字者，職業也多爲碼頭工人、船塢工人、煤礦工人等中下階層出身。這是基隆獨有的特色。

四十七年來，基隆地區的受難者家屬獨自承受苦難，面對陰暗，始終把鬱悶壓在深深的心底，有人即使對妻子兒女子孫也不敢提起。縱使想訴說委曲，也無法如一般知識分子那樣善於表達。在這遲來許久的口述歷史的調查中，深埋的傷痛，彷彿決堤的河川，洶湧而出，沈痛、直接、樸實，無所修飾，是其特色。這種庶民大衆的性情，和知識分子多思多慮的性格，迥然不同。

例如：受難者游竹根之妻游合說：我去參加二二八音樂會的時候，聽到他們在臺上說話，漸漸的，我的喉嚨就一直滿起來……心肝艱苦。我常常夢見他，年輕的他，正在做事業，坐在辦公室的椅子上，等著發錢，很忙碌，就像很久很久以前的樣子……

受難者楊元丁之子楊光漢說：父親死後，我們從來沒想到要申冤或上訴的問題。或者說，想是想，但是從來不敢講。怎麼會說一個人無緣無故被捉去打死，就此算了。我們只有忍耐，即使對我女兒，以前我也無法告訴她。她在中央銀行上班，我怎麼告訴她。以前我上班，自己也不敢講，何況她？

近年來，脫離大中國意識、建立臺灣主體的歷史觀，隱然成爲重構臺灣歷史的主流。臺灣歷史主體的建立，需要突破官方思想的掌控，從臺灣民衆的觀點重新思考、重新反省。基隆二二八受難者的庶民性格，正是建立臺灣民衆史原點的極好例子。從庶民的苦難中著手，了解他們的生活狀況、心靈創傷和四十七年來的人生境遇，堪稱是一部活生生的庶民歷史。這些歷史情境的再生與重建，臺灣獨特的歷史經驗，於焉可以完成，臺灣的民衆史觀，藉此亦可以建立。

於是，我們盼望，也深信，基隆二二八事件受難者心路歷程的調查與記錄，是重新詮釋、建構臺灣民衆史的思考原點。

一九九四年一月

基隆市區

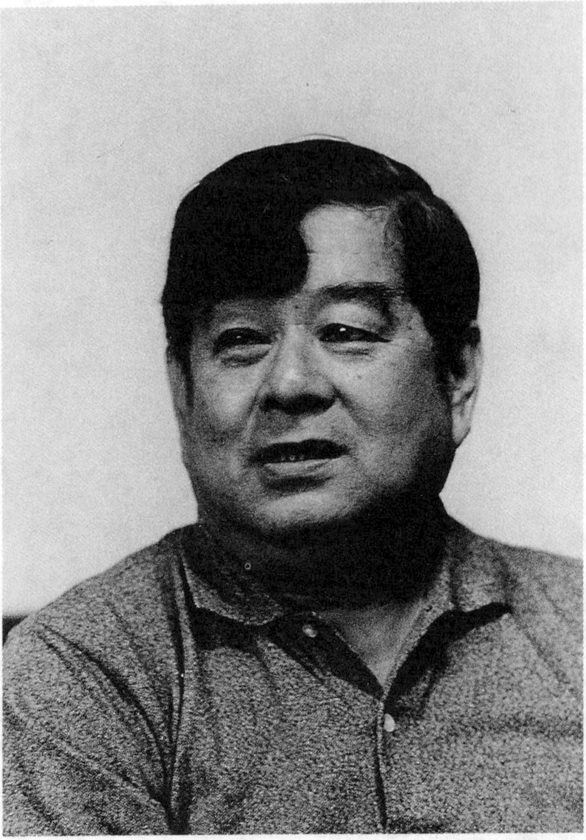

楊光漢：
二二八事件使臺灣人失去信心，
這不是金錢賠償可以解決的問題。
（宋隆泉攝）

楊元丁（基隆市參議會副參議長，死難者）

受訪者：楊光漢（楊元丁之子）　　訪者：張炎憲、胡慧玲
時間：一九九三年六月十日　　記錄：胡慧玲
地點：臺北市楊宅

父親在市參議會時，基隆市長是石延漢，警察局長是郭昭文。你也知道，那時候中國來的，大部分是貪官，他們的傳統觀念，就是升官發財。當官為了發財。因此，父親當參議員時，很多民衆受不了中國官員的統治方式，常來陳情投訴。父親也常出門去處理，四處看，四處調查，也常在議會揭發、檢舉官員的侵占貪污。因為如此，石延壽和郭昭文對他懷恨在心。二二八事件後，對他們而言，是報仇的大好機會。

二二八事件後沒幾天，情勢很亂，父親告訴母親說，他要出門避避，避幾天，比較好。後來母親常說，你父親說要出去避幾天，結果一避就沒回來。

我是楊光漢。二二八事件死難者、基隆市參議會副議長楊元丁，是我的父親。

父親生於一八九八年，桃園公學校畢業，畢業後大部分時間在基隆和中國大陸做生意。父親是日治時代的抗日分子，也是文化協會的熱心成員，常常要求殖民者平等對待被殖民者。最大的一次抗爭事件是鴉片事件，父親四處演講分傳單。那件事後來鬧到國際聯盟，國聯還派員來查。日本政府很生氣，於是開始抓文化協會的人，我父親一個人擔下責任，去坐牢。日治時代，前後坐了六次牢。

陳其寅先生寫於一九四八年的《懷德樓文稿》一書中的《楊議員元丁別傳》如此寫著：

楊君元丁。桃園鎮八塊厝人也。體格魁梧，夙有大志，膽略過人。公學校畢業後，好交遊，富民族思想，廿四歲，就傭基隆煤商大祥行，忠勤稱職，居停林大化翁，妻以誼女阿秀，遂家焉。君以業務關係，常與勞工接觸，備知勞動者辛苦。寄予親切同情，思爲民衆謀福利，參加臺灣文化協會，從事社會運動。每與同志假寺廟演講，批評日人政治舉措失當，言及臺胞待遇之差別。義憤塡胸，輒大聲疾呼，籲請改善，語涉激烈時，臨監警吏命中止，不答應，下君於獄凡六次，君再接再厲，志不稍餒。民國十六年，臺灣民衆黨創立，君屬幹部。是歲，國際聯盟拒毒會，議決禁吸鴉片。日本參加公約，然吸鴉片者臺胞，日本爲保持利益，陽奉陰違，發給兩種牌照，紅牌准吸食終身，青牌限期戒除，民衆黨以鴉片流毒人間，各國多懸爲厲禁，若不乘時禁絕，恐貽害同胞伊胡底，將情密電日內瓦國聯，列舉臺胞受鴉片毒化之弊害，印傳單，於除夕漏夜，分寄該黨全臺機構。同時反對日人之鴉片制度，輿論譁然。國際聯盟派員來臺，廉得實情。日人追究臺灣民衆黨，幾興大獄，並嚴究主持印刷傳單者。元丁自承爲其所爲，被判囚二百八十四日，七七事變起，元丁察日人忌之甚。遂藉經商渡滬，輾轉入華中……

迫不得已，一九三七年父親只好離開基隆，前往上海，我們家族則於一九三八年遷往中國。全家包括父親、母親和我們五個兄弟姊妹，後來母親在杭州又生了一個妹妹，等於是三男三女，一共六個子女。現在大哥在香港，名叫楊正嚴，生於一九二六年，我是次子，生於一九二九年，弟弟名叫楊光明，姊妹是楊淑美、淑婉和生在杭州的淑慧。父親做的是食品生意，類似迪化街那種的南北貨買賣。我們全家住杭州，父親在金華、紹興一帶做生意。

戰時在上海的日本人約有十幾萬，臺灣人大約五千人，杭州比較少。即使在杭州，我們也不能讀中國學校。我們一到中國，日本政府就通知那邊的日本領事館，我們人一到就要去報到，上日本學校讀書。那時的上海和杭州，在日本人統治之下，就像滿洲國那樣，小孩子沒去上日本小學，老師馬上就登門拜訪了。在大陸的臺灣人，有的是做生意，有的是被徵召當軍伕的，有的是當翻譯（漳州話、泉州話、廈門話和客家話）。但是小學畢業後，父親曾經偷偷送我們去中國學校讀了幾個月。

其實在其間，一九四二年，父親也曾先後送大哥和我去長崎讀書。原本父親要我們去東京讀書，因爲大戰爆發，長崎每年都有派人到上海招考，我們不必再到日本去考試。學校老師說，反正中學在哪裏讀，都差不多，大學再去東京即可。再則，長崎和上海之間有航線，交通比較方便。於是大哥和我就到長崎去讀書。沒讀多久，一九四三年，中途島之役以後，日本海軍戰敗，美軍開始反攻，日本潛水艇常被擊沈，父親覺得不安全，就叫我們回杭州，偷偷送我們去讀中國學校。我剛去偷讀中國學校時，學校以為我是日本人，後來我承認是臺灣人，他們才對我比較沒那麼敵意。日本戰敗後，中國人的態度就改變了，視臺灣人為投機分子，是親日分子，是走狗，是漢奸，對臺灣人態度很壞。

一九四五年初春，父親去福建，採買南貨，用日本的船載回上海，結果被美軍擊沈，財產損失殆盡。

一九四五年年底，我們搬到上海，沒多久父親就回臺灣。那時基隆火車站附近有位基隆望族黃獻彰先生，戰時他們也住上海很久，是生意人，叫父親幫忙押一隻帆船回臺灣。父親那時幾近破產，就答應幫忙押船。我們全家和許多臺灣人是到農曆除夕，才坐美國貨輪抵達高雄。

回到基隆後，一九四六年春，父親參選基隆市參議員，又被選為副議長。

那時候的父親，陳其寅的《懷德樓文稿》如此記載著：

迨光復之初返基隆，就居蝸舍附近，不時過存茗話，知其非池中物。民國三十五年，基隆市參議會成立。君任參議員，每以余未應邀就議席，若有所憾，余告以不才從商，不諳政治，不可糊塗從政，謝其見愛不已。元丁既登政壇。感覺責任綦重，以政府與民間橋梁自況。勤求民隱，爲民喉舌，檢舉貪汙，不遺餘力。每當參議會開會，君言民間疾苦，檢討施政得失，建議興革利弊，多中肯綮，性坦率，敢面折人過。言人之所不敢言，雖觸忌諱，與當道忤。與惡勢力鬥，勞怨叢身，亦不恤不悔，蓋滿腔正義感。不畏強禦，其天性使然也。翌年丁亥二月，緝菸事件發生後，人心洶洶。君奉命組織處理委員會，奔走呼號，冀弭禍患於無形。鑒於基隆存糧稀薄，君深以爲憂，親向糧商殷戶勸募，曉以大義，多被感動。提供雜糧麵粉，由各區造貧民冊，按戶給糧。民心稍定，不意事態逆轉，有以危機緊急勸其遠颺者，君言地方治安要緊，身爲民意代表，經手購白米廿噸，寄八堵站車上，待設法運基，接濟民食，爲大局計，寧見危授命，豈可棄職逃生，因語以男兒死則死耳，何避爲。民國三十六年三月五日，基隆市愛四路北端橋下，發現元丁屍體，越四日，漂流至明德橋附近，被人拾起與遺族認領，見與聞者，多爲之嘆息下淚……

父親在市參議會時，基隆市長是石延漢，警察局長是郭昭文。你也知道，那時候中國來的，大部分是貪官，他們的傳統觀念，就是升官發財。當官就是爲了發財。因此，父親當參議員時，很多民衆受不了中國官員的統治方式，常來陳情投訴。父親也常出門去處理，四處看，四處調查，也常在議會揭發、檢舉官員的侵占貪污。因爲如此，石延漢和郭昭文對他懷恨在心。二二八事件後，對他們而

二〇

元町派出所前的基隆港，參議會副議長楊元丁在這裏被槍殺，被踢落海裏。

（宋隆泉攝）

言，是報仇的大好機會。

二二八事件後沒幾天，情勢很亂，父親告訴母親說，他要出門避避，去避幾天，比較好。後來母親常說，你父親說要出去避幾天，結果一避就沒回來。

所以我們一直不知道父親是什麼時候被捉走的。其間警察曾來家裏搜過幾次，但是父親已經不在了，警察並沒有捉到。有人說父親在市參議會，也有可能。那時參議會已經休會了，但父親是二二八處理委員會的成員，也有可能回去參議會，因爲父親陳屍的地點，離基隆市參議會不遠。

我們原本不知道父親已經發生意外，後來有人來報，說發現父親的屍體。彷彿晴天霹靂，我們怎麼也沒想到事情會變成這樣。父親在中國待了那麼久，走過那麼多地方，中國人的法律他很清楚。他先前說要暫時不回來，應該是避一下的意思，怎麼會就死了呢。周金波的父親，市參議員楊阿壽也是去避一下，人家就沒事了。全基隆的參議員，就死了我父親一人。

事後我們猜測父親的案子和國軍沒有關係，是警察局派便衣來抓人。至於日期，我記得收屍回來是三月十日那天。父親的屍體從文化中心那邊的海裏撈起來時，皮膚還沒有全部腐爛。

二二八事件時，四處亂糟糟，我不太敢出門，很多事情都是聽別人說的，我並沒有親眼看到。我親眼看到的是，文化中心那裏，日治時代叫做公會堂，大約兩樓高，事件初發生時，有國軍在樓上架設機關槍，我恰好路過，看到他們用機關槍向街上的行人掃射，我轉頭就跑，改走另外的路回家，此後不敢再出門。後來我聽說國軍開軍用卡車載人去塡海，至於鐵絲反綁手腳槍斃的，現在也有人證了。後來，我們去過南榮公墓，那裏有好多好多的屍體。

我有一個同學，姓黃，在長崎一起讀中學的，日本姓是江口，也死於二二八。他家住臺北，二二八後，有一天他聽到槍聲停歇了，因爲好幾天沒出門了，要帶弟弟出門買東西吃，才出門，就被兵仔打死了。

父親生時，雖然是副議長，家裏生活也不是很好過。他的財產在船難中損失殆盡，回臺灣時可說是身無分文。原本他在一家倉庫合作社當經理，選上參議員後，薪水也不多。但無論如何，他是家裏最主要的經濟來源。死後，留我母親和我們六個兄弟姊妹，總共七人，在戰後經濟那麼惡劣的情況，怎麼辦？爲了養家，大哥介紹我去水產公司跑漁船。

那時漁業景氣算不錯，雖然辛苦，薪水算是不少。大哥後來離開水產公司，自己做點小生意，做得不好，也沒辦法，只能各人隨各人去了，一人一路了。

父親死後沒多久，我曾加入國民黨。那時如果不加入海防黨部，根本不能上船。上船後，我就不曾參加任何黨部活動。剛坐船時，要寫自傳，我連父親的事都不敢講，略而不提。我也不相信國民黨什麼「忠黨愛國」的事，我們坐船時，樣樣都要送紅包，一送紅包，樣樣都通過，根本沒有所謂「審查」這回事。

我在船上做電信工作，受警總管理，換公司時，還要警總批准才行。我做了三十年的電信工作，那時宣稱是戒嚴時期，管理很嚴。父親冤死之事，我太太比我還重視。我出海時，她常帶著小孩，說，走，我們去聽阿公的代誌。就把小孩帶去我父親的老朋友那裏去，要讓子孫知道一些自己的歷史。爲什麼會這樣呢，有可能因爲我太太也是基隆人，略知我父親的事。老一輩的基隆人，大都知道我父親的事。她嫁我時，可以說是我最落魄的時候。

一九三九年，楊元丁攝於杭州。（楊光漢提供，宋隆泉翻攝）

父親的遭遇，和親眼看到二二八的慘重傷亡，對我影響很大。我小時候受過日本教育，日本把臺灣當作殖民地，但是國民黨歧視臺灣人的程度，遠比日本人嚴重。你看，戰後國民政府接收臺灣，省政府裏面有幾個臺灣人？在航運界、招商局、復興航業，臺灣人根本不要想進去。從前有個漁管處，臺灣人也很少。

我做過的船公司，大都是私人公司、特別是臺灣人老闆的，像長榮公司等，我也做過。其他像招商局、臺灣航業、復興航業，臺灣人是少之又少。我做貨船多半是遠洋的，載雜貨，什麼都載，一趟三個月，叫做環球航線，一路在五大洲各大港口裝卸貨，全世界我也算是略略跑遍了，最後我是從長榮公司退休的。

父親死後，我們從來沒想到要申冤或上訴的問題。或者說，想是想，但是從來不敢講。怎麼可能一個人無緣無故被捉去打死，就此算了。我們只有忍耐，即使對我女兒，以前我也無法告訴她。她在中央銀行上班，我怎麼告訴她。以前我上班，自己也不敢講，何況她？是這兩年，我內甥在書店看到李筱峯所著的《二二八消失的臺灣菁英》，讀到父親的事跡，子孫輩才漸漸知道。

但是我和父親大不相同。父親自壯年時代就熱心公衆事業，參加文化協會等組織，我並沒有這種機會，只有退休後，才有可能參與一些公衆事務。我當然支持民進黨，老實說，以前我是不投票的，因爲沒有選擇，選來選去，都是國民黨的人。現在不一樣了，我們一定是全家都去投民進黨的票。國民黨實在太貪污了，所有的公共工程都偷工減料，走在街上，他們貪污的痕跡，舉目可見，歷歷如繪，可以說貪污到無法無天。尤其我跑船，看遍全世界，特別有感觸，爲什麼中國人就是這樣。就拿港口來說，我們船在美國靠岸，不管是半夜兩點或三點，他們的官員一定會來辦事，規規矩矩的，連喝你一杯茶都不肯。記得有一次，聖誕節前夕，我們公司準備了洋酒要送美國官員，他們一口就回絕了。我們問他們說，怎麼，這酒你不喜歡嗎？他說，喜歡，很喜歡呀，但是我們不能要。國民黨的官員恰好相反，一上船，就向你要菸要酒要吃飯，我們都準備好要開船了，他們還在那裏要東要西。在國外看多了，更覺得國民黨差人家太多。反正現在「國民黨」這三個字休和我提起。這是我自己五、六十年經驗的結論。

二二八事件使臺灣人失去信心，這不是金錢賠償可以解決的問題。老實說，有一度我很恨外省人，何況我自己也曾在大陸住過。

我的大陸經驗是這樣的：我十一歲去大陸，關於中國人的民族性，日本人是叫他們清國奴，外國人則批評說，中國人和日本人都是黃種人，外表分不出來，但是有一個很簡單的辨別方式：你打他，如果他會反抗，就是日本人，不會反抗，就是中國人。

中國和我們臺灣的水準，實在差很多，沿岸還算進步，內地則非常落後。我們曾經逃到浙江內地，坐帆船去，沒風時，船伕要上岸去拉。生活很原始，自己挑水，用曬乾的馬糞當燃料。

戰後，第一批國軍登陸基隆時，那種狼狽不堪的樣子，把臺灣人嚇壞了，那情形其實我在上海看多了。我們未必見得會嫌棄他們的狼狽貧窮，因爲確實是打了太久的仗了。我個人比較介意的是：人的素質和修養。日本人的教育和中國人的教育，眞的差很多。日本人從小學開始，就有「修身」的教育，教人如何如何做人。教育是從小、從生活中，確實做起的。不像中國人，說的是一套，做的又是一套。現在動不動就槍斃人，照樣天天有人殺人放火。日治時代的臺灣社會和現在的北歐相類似，夜不閉戶，不必擔心小偷。

父親的中國觀念，是完全的認同中國，常對我說，我們是中國人。當然他也承認中國落伍，否則不至於送我們去日本讀書。至於戰後回到臺灣，我並沒有機會聽到他對政治的看法，因爲他忙，很忙，每天和周金波的父親楊阿壽、張堅華的父親張振生，在一起忙政治的事。

八堵火車站事件的撫恤和善後，目前鐵路局已經決定撥款二百萬元，基隆市政府和省政府各撥款一百萬元，要建紀念碑和賠償。

關於二二八事件的賠償，有的受難家屬一提到錢，就覺得不好意思。我說，這沒有什麼不好意思的，理應要賠償的。二二八事件，老百姓沒錯，錯的是政府。政府無緣無故打死人，沒有經過任何司法審判的過程，就亂殺亂打。這種政府，常要提起日本的南京大屠殺，他們自己的做法卻比南京大屠殺還要殘忍。

關於賠償金額，上次洪昭男立委曾提過以三十萬元爲基數的計算方式，最高賠償金額大約是一千多萬元。根據我調查的結果，這個方式可能比較被家屬接受。不過這也難講，各式各樣的家屬都有，有的家屬至今生計還大有問題。

我的問題不在此。雖然家逢變故當初，生活很辛苦，至今，熬也熬過來了，子女大都成家立業了，生活縱使不算優渥，也不成問題。所以我比較重視的，不是賠償，而是我父親的名聲，我要努力恢復父親清白的名聲。

楊元丁

翁金龍：父親慘死，全家陷入苦境，那種苦，說也說不完。（宋隆泉攝）

翁麗水（基隆碼頭工人，死難者）

受訪者：翁金龍（翁麗水之獨子）
時間：一九九二年十月十九日
地點：基隆市翁金龍先生之辦公室

訪者：張炎憲、高淑媛、胡慧玲
記錄：胡慧玲

拖回父親的屍體，我們把家裏的床板拆下一片，屍體放在上面，又偷偷藏起來，唯恐士兵發現，找上門來。等到晚上八、九點，天都黑了，把幾片床板釘一釘，用草蓆把屍體捲一捲，就把父親放進床板釘成的克難棺材裏。來幫忙的養姊夫帶著我們，一行七、八個人，趁著黑夜，把棺材扛往情人湖的山上埋。屍體很重，我們輪班扛，一次三、四個人扛，扛累了，就換另外三、四個人扛。西定路那邊有個軍營，經過時，我們很害怕，低著頭趕路。從火藥庫前經過時，姊夫抬眼看了一眼，兵仔立刻衝過來，拿著刺刀就砍下去，削去我姊夫腿上一片肉，當場血流如注，我們立刻送他去醫院急救，扛棺材的人手又少了一半。爲自己的父親出殯，卻好像在偷屍體。那時候很怕兵仔，怕他們動不動就開槍。

我是翁金龍，八歲時，二二八事件中，國軍殺了我父親翁麗水。那年我八歲，父親是基隆碼頭的臨時工。基隆地區已經亂了好幾天了，四處都是拿著槍的國軍，那天，我忘了是哪一天，臨時宣布，說三點鐘要戒嚴。父親在碼頭做工，大約四點多鐘，父親和其他的工人散工了，大家都要趕回家。現在的基隆火車站旁邊是海港大樓，我們住在火車站後面的山上。那一帶，四十幾年前，除了鐵路和籬笆之外，沒什麼房子。國軍站在海港大樓樓上，往下看，一清二楚。散工的工人從籬笆後面走，父親則往家裏的方向，繞著路邊和騎樓，一邊走一邊躲。走到現在的區公所附近，那邊的房子戰時被轟炸，只剩半傾的牆。就在那裏，父親被站在海港大樓上的兵仔開槍打死。父親中彈後，身子一傾，跌落旁邊的水溝。

那天下著雨，我們在半山上的家裏望出去，看見父親穿簑衣、戴「錢仔帽」的身影，跌下水溝。山區的工人都已經回來了，他們說，是啊，剛才有一個人中彈，跌落水溝。

我們匆匆忙忙趕過去，要去找父親。可是那附近都站滿兵仔，不准我們過去，怎麼說都不准。

不得已，我們只好回家，拜託隔壁一個比較會處理這種事的老人幫忙。第二天凌晨，大約三、四點的時候，趁天色黑黑的，兵仔離去了，我們才偷偷把屍體拖回家。

拖回父親的屍體，我們把家裏的床板拆下一片，屍體放在上面，又偷偷藏起來，唯恐士兵發現，找上門來。等到晚上八、九點，天都黑了，我連棺材都不敢買，把幾片床板釘一釘，用草蓆把屍體捲一捲，就把父親放進床板釘成的克難棺材裏。來幫忙的養姊夫帶著我們，一行七、八個人，趁著黑

國軍在港務大樓樓上架起機關槍，居高臨下，向路上行人掃射。

翁麗水從碼頭放工後，回家途中，被掃射而死。（宋隆泉攝）

夜，把棺材扛往情人湖的山上埋。屍體很重，我們輪班扛，一次三、四個人扛，扛累了，就換另外三、四個人扛。西定路那邊有個軍營，經過時我們很害怕，低著頭趕路。從火藥庫前經過時，姊夫抬眼看了一眼，兵仔立刻衝過來，拿著刺刀就砍下去，削去我姊夫腿上一片肉，當場血流如注，我們立刻送他去醫院急救，扛棺材的人手又少了一半。爲自己的父親出殯，卻好像在偷屍體。那時候很怕兵仔，怕他們動不動就開槍。

那時候我才八、九歲，對兵仔印象卻很深刻。記得和他們言語不通，記得他們動不動就罵什麼BBBB的，動不動就說要槍斃，動不動就開槍。父親死後，我們住的山區也被兵仔占住。他們每天沒事做，就是開槍玩。山上有一隻電線桿是水泥包著鋼筋，被他們開槍當靶子，打得水泥都爛了，鋼筋都露出來了。

學校大廳和民宅都被兵仔占住。我們有一個鄰居，是鄰長，家裏也被占住。軍隊遷走後，那個副官（傳令兵）愛上了鄰長的女兒，不肯搬。鄰長反對，副官就開槍，打中人家的腳，然後逃亡到後山的番薯田。部隊去包圍喊話，那個副官沒辦法，自己開槍自殺。

我們有個鄰居，渾名叫做「賊仔彪」，去年才去世，他知道很多二二八的事。日治時代，他算是流氓黑名單上有份的，做碼頭工，很愛賭博。二二八的時候，他也被掠去基隆碼頭要槍斃。大家排一排，雙手背後反綁，身上還掛石塊，槍斃後就踢到海裏去。他隔壁的人中彈，跌下海去，慢一秒鐘，他也順勢跌下去。據他說他在岸底下躲了一陣子，往十六號碼頭那邊游，死裏逃生，撿回一條命。

賊仔彪很愛講這件事，整個山區的人都知道。你們早一點來問他就好了。那時候時代正亂，年輕人大部分都躲起來，「正」字記號的流氓見機也溜了。那些自認問心無愧，自以爲沒做壞事的人，反而遭殃。

父親死後沒多久，我們一家住在大武崙那邊，不敢下來，餓得吃草維生。常常要去山上採八角蓮、山苻菜來吃，或者去撿農家丟棄的或養豬用的番薯、芋頭來吃。有時候鄰居親戚送竹筍、豆豉來，我們炒鹽巴吃。那種味道，現在回想起來，還眞香。因爲吃那些東西吃太多了，常常連著每天都吃番薯，吃得牙齒都黑了，整天放屁，現在看到番薯葉，都會反胃。

我是獨子，也是老么。二二八事件後，母親和兩個姊姊，三個女人養一個家和我，日子實在很苦，苦不堪言。戰時爲了跑空襲，我們曾搬去情人湖那邊親戚的山上種田種菜。平常父親做碼頭工，沒工作時，也上山種菜。父親死後，種菜無法生活，就搬下山來。日子很窮，很苦。祖母臨死時，生病，又沒錢買東西吃，她餓得躺在床上嚼衣服充飢，那情景我記得好深刻。母親先是去礦坑做「水洗」——就是整個人泡在水溝裏把煤炭的泥洗掉。大姊長大以後，也跟著去做水洗，二姊則去做童佣，幫人家照顧小孩。

水洗的工作很辛苦，做不了多久。有碼頭之後，母親和大姊加入碼頭，做掃地、修補——補麻布袋、麵粉袋，一直做到六十幾歲才退休。

二二八後，我們從山上搬下來，本來是租房子住。母親省吃儉用，自己買地要蓋房子。你知道房子是怎麼蓋的嗎?情人湖那邊的親族統統來幫忙。我們去大武崙砍菅尾，砍竹子，安下八枝柱角，整間房子只有那八枝柱角放磚塊，柱角安好後，編竹子做牆壁，然後再買泥灰來塗滿，菅尾覆成屋頂，如此這般蓋好房子。這樣將就的房子住了好多年，後來我又把土牆換成木板牆，住了很久以後，又把木板牆換成磚牆，前後總共分三次才弄好。

我八歲沒了父親，小學畢業後，母親就不讓我再上學了，要我去做學徒。「翁金龍」這個名字，還是區公所幫我取的。我本來名叫翁太郎，去學校讀書時，老師說這是日本名字，不行，要改。母親不識字，沒辦法，拿著戶口名簿去中山區公所，說，老師說要改名字，丈夫才死，又不識字，怎麼辦。區公所的人也知道我家的事，就幫我改名叫金龍。畢業後，我考上市中，很不簡單的，但是只唸了一個學期。那時我在一個上海人開的米店做小弟，每天扛米，扛了三個月，我和老闆商量，求他晚上讓我早點下班，去唸書。老闆答應，我就轉到市商夜間部。剛扛米的時候很辛苦，一包米重一百斤，扛在肩上，走路時，腳都會發抖，有時候還要扛米爬好幾層樓梯。最怕的是，米從腳踏車上掉下來，根本拿不動，只好拜託路邊的歐吉桑幫忙扛上肩，否則眞是要哭沒眼淚。

就這樣半工半讀，基隆學校的夜間部差不多都被我唸光了。沒錢就休學，有時還靠人救濟，才又唸下去。高中畢業後，我去鐵路局服務，當了四年半的公務員。然後出來做碼頭，在美商和英商公司做商船的理貨和公證，終於出頭了。我一個人兼做好幾家公司的工作，一斤米才一元九毛錢的時代，我一天可以賺五十幾元。離開外商公司後，我又去報關行做事，直到一九七〇年開這家報關行至今。

我父親是一九〇九年出世的，和母親同年。母親是童養媳，如果活著，現在應該八十五歲了。祖父母都不識字，我不知道他們的出生年月，但是祖母曾說過，廖添丁在觀音山被打死那年，她正好十四歲。父親是獨子，死的時候，才三十九歲。我也是獨子，上面還有兩個姊姊。那個年頭重男輕女，大姊應該要上學的時候，家裏不准她讀書。二姊有上學，但是小學四年級開始跑空襲，就沒唸書了。

我二十九歲去當兵之前，母親已從碼頭工退休。我當補充兵一年四個月，太太帶著小孩，幫人家做衣服，勉強買米度三頓飯。有時大姊去標互助會，等我退伍回來再還。所以我當兵後，就開始負債，常常爲了三頓飯舉債。

母親退休後並沒有勞保，又得了三次大病，一次是中風，半身不遂，住院一個月，花了我二十幾萬元；一次是十二指腸結瘤，一吃東西就吐，全身瘦疼，無法入眠；最後母親死於糖尿病。

我不想再說這種過去的苦境。父親慘死，全家陷入苦境，那種苦，反正說也說不完，說也沒用。父親枉死，至今已經四十幾年，撿了幾次骨。去年又撿了一次，讓子孫去看一看。我還做了一個塔，放在南榮公園。

二二八時，我常聽大人說，哪裏哪裏有死人，但是詳細的情況不記得。聽說政府現在好像打算處理二二八的事情，以受難家屬的身分而言，我認爲道歉是沒有用的，實際的東西最要緊，最好是要賠償。雖然我是獨子，若有賠償，我絕不獨得。當初大姊二姊扶養我長大，賠償金我要分三股，我們三個人都拿，拿個心願。

郭鍾美：我站在三樓看，看到基隆港的船出去，撿一船一船的死人回來。（宋隆泉攝）

郭鍾美（家庭主婦，見證者）

受訪者：郭鍾美（見證者）
時間：一九九三年四月廿四日
地點：臺北市郭宅

訪者：張炎憲、黎中光、高淑媛
記錄：高淑媛

那隻中央船每次都載貨品來，這回，因臺灣人抗議，它悄悄載兵來，沒有人知道。很多南部人等在碼頭要買貨物，我站在樓上，看得很清楚；約在下午三點，組合的大門關起來，職員都回家了；學生也都回來，記得兩、三個小孩子在我家打乒乓球，忽然間，砰砰碰碰，到處都是兵，船上機關槍四處掃射，東倒一個，西倒一個，在港邊等買貨品的人都死了。

我原本是臺北坪林人，一九一二年生，二十三歲在基隆結婚。我是淡水外籍宣教師敏姑娘的學生，派去基隆傳教，我先生見到我，不敢跟我講話，問牧師，怎樣才能跟我結婚，牧師說要洗禮，他就洗禮；他是含笑而死，看到主耶穌。

我先生郭木生，日本時代臺灣商工學校商科畢業；畢業後先進入興業信託，顏欽賢經營的，時年十七歲；戰後，興業組合合併，他被顏聰海叫來第二信用組合工作。

日本時代，爲了配給，改成日本姓「神城」；日本時代主管都是日本人。

感謝上帝，在二二八那麼大的動亂中，讓他平安，讓他可以活到現在；我那時帶四個孩子，戰後又生了兩個。

感謝上帝，讓我活到這把年紀，事情也看很多了；看過日本三個皇帝，戰後也看過三個皇帝；日本時代三個皇帝是大正、昭和和平成；戰後三個皇帝是蔣介石、蔣經國、李登輝。也有人說，還有一個嚴家淦沒講到。

中國來管臺灣，也四十幾年了；日本也管臺灣四、五十年，國民黨來，實在不好。我阿公帶兩個妹妹和媽媽四個人從唐山來臺灣；來臺灣是爲了自由，能夠來臺灣很好，到我是第三代。日本來臺灣時，坪林尾只有一小撮人，我們家住在半山腰，再過去是「水裏坑」，那個坑蓋了兩排房子；我們家蓋在竹林裏，日本人來時，坪林尾的人爲了「走番」，爬山爬到我們家，把一些重要物品放在我們家，我們家堆了一堆東西，然後繼續往深山裏逃；那時我父親才十六歲。

後來有一個「土匪」向日本兵開槍，「日本出門戴白帽，肩上揹槍手拿刀。」「土匪」說日本兵沒有幾個，不必怕他，開槍就打。這一打，日本來查，把整個坑的屋子都放火燒掉，幸好人都逃光了。後來查到我們家，說我們家東西堆那麼多，是賊窩。阿公和爸爸都逃到山裏，搭個草寮，躲在山裏面；阿公不敢讓他的媽媽住在家裏，在附近搭個草寮讓她住，常下山照顧，送東西給她吃。有一次，被日本人看到，被捉去，並用綁頭髮的布綁阿公，一個日本兵仔牽著走；其他日本兵在分銀子，分不平均，在爭執，阿公趁機一邊動來動去，說「大人，走啦、走啦」，一邊趁機掙脫逃走，先往山下跑，半途折回又往山上跑，往芒草叢裏鑽，日本人找不到他。

戰時，臺灣人打鑼打鼓迎接國軍，舞龍舞獅歡迎，歡迎之後卻變成這樣，臺灣人完全失望；我常聽人家說婦女被强姦，買東西不給錢，胡作非爲才會發生二二八。他們也不了解臺灣人心理，也不知道臺灣人被日本人管得很守法，國民黨來臺灣統治，亂來一場，才會發生二二八事件。

二二八被打死，沒有人敢去相探視，自己顧自己，自己家裏沒有事就好了。變成這樣，教會裏的人也不敢提。最近，我先生過世，我回想以前，告訴兒子女兒，如果那時你們父親被捉去，你們早就沒有父親；如果我們住的房子沒有那麼高，也看不到，因爲我們剛好住在樓上，看到二二八事件發生的情形。

我先生是一九九〇年十二月六日過世，兩年多來，我一直回想，如果他在二二八時過世，就沒有這四十幾年的日子；我把這些感想寫下成四句聯：

講二二八的情景，臺灣全島攏傷心；有人予人抓去沈，沈落海底眞不明。
中央大船一下到，大槍亂彈滿街頭，死人倒在街路口，無人敢去〈給伊〉探頭。
中央大船一下到，船內攏是兵仔頭，看人就抓腳手拷，抭落海中放水流。
這隻大船一下到，基隆血水滿滿流，人〈予人〉怕死毋敢哭，只有暗中目屎流。
基隆看著有海岸，船若倚來就靠山，這款悽慘欲按怎？每人攏在搥心肝。
這款悽慘毋曾到，第一可憐基隆頭，傷心的人匿在哭，只有對天在嗑頭。
講二二八的事件，大人囝仔攏眞驚，人若抓著縛規棺，抭落海中去飼鰻。
算來敢有三日半，死人船仔拖上山，過路的人倚去看，毋知啥人的心肝。
日子在過眞和諧，經過四十外年來，人若死了有後代，子子孫孫有將來。
這款政府眞腐敗，無看情形亂亂來，這款歷史著記載，萬古流傳到將來。

他平時很熱心參與民衆的事，二二八時如果不是生病，發燒躺在床上，每天得定時吃藥，他一定會出去參與，我們就沒有今天了。

二二八時，我們住在第二信用組合樓上。第二信用組合負責人是顏聰海，顏聰海和顏欽賢兄弟是基隆有名的大企業家，文化路礦坑都是他們的。戰後，顏聰海來接組合，我先生跟他到組合來；第二信用組合是三層樓建築，一樓辦公，二樓會議室，我們住三樓。

二二八之前，曾發生過賣菸事件。戰後很多窮人家，沒東西吃，連住的地方也沒有，隨便架個小屋住，撿些木柴釘個小盒子，在基隆車站前面馬路兩旁賣菸。賣菸的有女人、小孩；小孩子大約是小學生，六年級的年紀，沒有上學，在車站前賣菸，賺點小錢。

戰後，洋菸來臺灣，大家很歡喜，南部各處的人都到基隆買貨，基隆中央船載貨物到臺灣來，什麼貨品都有；賣菸小販從車站開始排，轉個彎排到公會堂；有的小孩子到車站幫忙拖貨物，賺點錢。

那時，公賣局常常來捉賣私菸的。外國香菸不能賣，公賣局人員來的時候，開卡車來，舉起小販裝菸的盒子，往車上倒，盒子丟在路上，被沒收的香菸，載回公賣局，又賣出來給菸攤；過一陣子就來倒一次，小販很不甘心，因此串通好，如果再來，將菸攤推倒，他們就很難撿。

一天下午，卡車又來了，菸販們一齊把菸攤推倒，香菸掉滿路上。拖貨物的小孩，蹲在地上撿菸；緝私人員沒有拿到菸，惱羞成怒，用槍柄打小孩子，打他們的腳，小孩子唉唉叫。路人一直圍過來，圍很多人。緝私人員把小孩子捉到公會堂的元町派出所，派出所也沒法辦理，圍觀羣衆，越聚越多，沒多久，從車站到派出所，都是人，到處喧嘩。我一直站在樓上看，那時我大兒子讀國校四年級，也站在樓上看。

幾個鐘頭後，坦克車出現，載著軍隊，砰砰碰碰開槍亂打，人潮才漸漸散去。其後，聽說陸陸續續有發生一些衝突事件，我沒有看到。

二二八發生得很突然。那隻中央船每次都載貨品來，這回，因臺灣人抗議，它悄悄載兵來，沒有人知道。很多南部人等在碼頭要買貨物，我站在樓上，看得很清楚。約在下午三點，組合的大門關起來，職員都散了，回家了；學生也都回來，記得兩、三個小孩子在我家打乒乓球。忽然間，砰砰碰碰，到處都是兵，機關槍四處掃射，東倒一個，西倒一個，在港邊等買貨品的人都死了（按：船載兵來是三月八日，星期六，不是二月二十八日）。

我們家在三樓，較高，看到巷子口掃死一個人。那個人聽說受雇在市場口，禮拜六休息，要回家，手裏提一包鹹菜，要提回去給母親吃，走到我家對面坐車；走到巷口被掃死，死在那裏好幾天沒人知道，也沒人來收埋，也不知道他的名字，他母親以爲他在店裏；店家以爲他回家，過了好幾天，才知道死在那裏，有一個老太太來巷子口哭。大家躲了好幾天，沒人敢出來路上。記得星期六、星期天、星期一、星期二這四天，組合關門放假，學校也放假，人都躲得不見影子。

在基隆，船來那天槍聲到處碰碰砰砰，死最多；那天死了很多人；隔天，就很少聽到槍聲，但是聽說這邊打死一個，那邊打死一個，捉去打死的不知道捉到哪裏槍斃。南榮路派出所前，也打死三個；我兒子在基隆經營震華電臺時，有太太來幫我們煮飯，她的女兒在市政府工作，長大後要嫁外省人，她很氣，在流眼淚，我問起，她才說她是二二八的受難家屬。

在槍聲沒聽到之後，聽到的是到處捉人，這邊捉，那邊捉；一個住愛四路，經營洗澡間的老闆叫「清榮」，透早來把他叫起來，被捉去打死。

戰後，我們的經濟也不好，曾經沒米可吃。這很稀奇，臺灣米一向過剩，怎麼會無米可吃？聽說是囤積，不拿出來賣。有一夜，兩、三個兵，三更半夜，在樓下敲門，敲組合的鐵門，敲得很響，樓上只住著我們一家，我先生生病在床，我們假裝沒人在。我們家對面，遠遠的，有個福建籍太太對著我們搖手，暗示我們不要開門。我們靜靜的躲著，沒有開門。算起來，我們家樓下是組合，他們一看就知道。三、四天裏，每天來敲門。

三、四天裏，我們都沒出去；不知過了幾天，不遠的巷子裏有個福建人，喊「郭太太、郭太太，你要買什麼東西？」我忘了請她買什麼，用竹竿挑籃子垂下去，買了一次東西之外，都沒有出去，沒東西吃也硬撐，戰後，常常沒東西吃也習慣了。一直到可以在路上自由走動時，才出去買東西。閒下來時，躲在樓上偷看，一路上都是兵，這裏一個，那裏一個，到處走來走去；我只敢在窗戶偷窺，頭不敢探出去；路上除了兵仔，沒有看到行人。

星期二以後，商店開門，路上有人走動，上班的上班，上學的上學；基隆港的船出去，撿一船一船的死人回來，丟在港邊。古早慣例，見到死人不能不撿，撿回來放在港邊排整列。我不敢下去看，只敢站在三樓向下看。過了三、四天，南部人的親人，看他們沒回去，也有上來找的；過路人看了不忍，順手撿塊破布或破草蓆蓋住死人；當時情形，眞是很恐怖，很恐怖。

之後，開始捉人，每天捉，到處捉。我先生不是主管，有人來組合問副理許來發知不知道顏聰海的行蹤；組合負責人顏聰海逃亡；顏欽賢也逃亡，逃很久。

我有一個朋友，住在萬里，做產婆；她說，她看到有人手指被鐵絲絞緊，兵仔拖著手指頭，一路拖到基隆港邊，然後丟到水裏。

據我估計，屍體至少有一、二十具，陸續有人來認領，運走，也陸續有屍體送上來，前後四、五天，都有屍體被撿回。這是我站在樓上看到的，另外在八斗子，還有港的那一邊，也有死屍，我沒下樓，就看不見了。

林溯涼：四十七年的苦，獨力扶養一個四歲、一個六個月大的小孩的苦，要如何賠償法？
（宋隆泉攝）

林清泉（金子店老闆，死難者）

受訪者：林溯涼（林清泉妻）、簡定春
時間：一九九三年二月廿七日
地點：基隆市簡宅

訪者：張炎憲、高淑媛
記錄：高淑媛

他被打死之後，屍體被丟到運河，浮起來之後才撈回來。撈回來時，手仍然綁在背後，嘴裏塞了一塊棉花；原先戴在手上的鑽石戒指和手錶，都被剝光，口袋裏的錢也不見了。

那天我去登記時，我就告訴承辦人員，要人證我有，要物證我也有；我拿死人頭骨來給你，在他頭蓋骨上，槍彈孔還留著。

林溯涼：我先生叫林清泉，小名叫「添旺」，大正十年生，壽公學校畢業，之後從事商業，開金子店、雜貨店；我是九份人，讀九份公學校；我公婆也是開金子店，在現在信二路這裏開金子店。他被捉的時候二十八歲。我們本來是一個很好的大家庭，是做金子買賣的生意人。戰後，我們有好幾間屋子，我們兄弟好幾個，屋子是古早厝，要翻修，全都拆掉了，搬到隔壁住；我們自己還開雜貨店，批些東西來賣，那時有一個女兒四歲，兒子才六個月，一個好好的家庭，因爲二二八，被毀了。

他是三月十六那天撿回來的，被捉去的那天是舊曆二月十七（按：新曆是三月初九），下午兩點，聽說當天晚上就被打死了。他被捉去七天才撿回來，在現在信三路和信四路之間，現在東三號碼頭後面港邊撿到的；他被打死之後，屍體被丟到運河，浮起來之後才撈回來。撈回來時，手仍然綁在背後，嘴裏塞了一塊棉花；原先戴在手上的鑽石戒指和手錶，都被剝光，口袋裏的錢也不見了。

我們這件事，說起來，實在是很可惡。

舊曆二月十七下午，那時冬天，天氣還很冷，我們住在信二路六十八號，下午兩點左右，我抱著孩子在後間，他和何水木、黑肉坐在屋裏談天，圍著火爐取暖。

這時，一大羣兵仔從門前走過，我想我們又沒犯什麼事，也沒有閃他們。兵仔到我們家門前，把門踢開，我們大家還沒想到會捉人，本能先閃開，我先生避到隔壁家，我從後門出去，想也許兵仔會捉人，避一避比較好。當時我抱著我兒子，他才六個月大，今年已經四十八歲。我先生避到隔壁，被捉到。捉人的情形我沒有看到，人家告訴我我才趕出來，趕到門前，已經綁走了，手綁在背後，走遠了。

我在我先生走後，拜託人家調查他被捉到什麼地方去；經過調查，我先生是被捉到基隆警察總局去。黑肉也是那晚被捉進去，後來聽黑肉在說，他被捉進去時，我先生剛好被押出來。我猜想，可能那晚就被押出來槍斃了，沒有過夜。

黑肉是同一天晚上，在港務局被捉到；他在港務局上班，後來他的同事去保他出來；他出來後才告訴我，他被捉進警察總局的那晚，剛好迎面碰到添旺從總局被帶出來，那時是晚上十二點多。

簡定春：黑肉姓廖，叫廖楨祥，是有名的書法家，全國書道協會常務理事，現在住松山。年約六十多歲，日本時代讀中學，才十幾歲。

林溯涼：這些情形我當時都不知道，仍然拜託人家想辦法救他，也一直送東西進去給他吃。裏面不知道怎麼這麼巧，也有一個人叫林清泉，東西都被他收到。約收了一個星期後，我覺得奇怪，怎麼都只收東西，沒有任何動靜。我要求他拿個信物給我看，戒指剝下來也好，或是手錶，總之能讓我確定他還活著的東西就可以。結果拿不出東西，我就料到人已經沒了，開始找屍體，七天之後，終於在東三號碼頭後面找到屍身。

簡定春：那時他家對面是日本人的花街，日本人要回去時，日本查某拿東西跟他們換錢。

林溯涼：我先生手上戴的鑽石戒指，是日本查某要回去時，沒有現金，要和我先生換。我先生看她們可憐，用現金和她們換，本來這隻鑽石戒指要給我，我女人家常要做家事，怕弄壞，所以我說，不用啦，你拿去戴，因而這隻戒指才會在他手上。他那隻手錶是「OMEGA」，是戰後最好的錶，因爲他常在臺灣日本間來來去去，做生意，相當有錢。實在說，他的口袋中裝著錢，至於裝多少錢我眞的不知道；屍體撿回來時，戒指和手錶都不見了，口袋裏也沒有半毛錢，還有放在口袋裏的鋼筆也不見了。當天，他穿著一件黑色的夾克出去，那時很冷；捉走他的是管區吳德平，福州仔，田寮港的管區警察。他帶十幾個兵仔來捉人，本來捉兩個，頭先捉到「水木仔」，姓何，水木仔閃開，結果只捉到添旺。

這件事到現在我還記得很淸楚，我會一直恨這些人一直恨到死。

你們這些年輕人，爲我們討回一個公道，我們就已經很感激了；我兒子沒有這個能力，就只有靠你們了。至於建紀念碑，我絕對反對。二二八死亡那有什麼光榮，人被捉去打死那算什麼光榮，被害得家破人亡那有什麼光榮，我爲什麼要做紀念碑！我們自己會紀念，不必政府幫我們紀念。

我在林淸泉拿不出信物，判斷他已經死了之後，叫「胖輝」和「四方」兩個人去找；當時他們還是孩子，還不怎麼懂事。找到屍體、推屍體回來的是「胖輝」和「鳳林仔」，都是左鄰右舍這些半大不小的孩子幫忙的。那時的可憐，你們可能很難想像。人死後，親戚沒有人敢拿「香奠」來，怕成這樣。二二八事件時，我比空襲時還怕，電燈一小盞，店仔口都沒有人走動，孩子一個六個月大，一個四歲，公婆和父母都已經過世，只剩我一個大人；他兄弟都跑光了，大家都怕。你說，這種打擊怎麼賠！紀念碑我不贊成，也不要把我們的名字寫在上面，我不稀罕！人死都已經死了，什麼我都不要！

讓我們家破人亡的是二二八，有夠過分、不合理。如果我們是流氓，不會做事賺錢的不良分子，被捉還有一點道理，可是我們眞的是正正經經的生意人，老實做人，也沒有參與什麼事。

我託人四處找人時，有一個人曾經說，林清泉這一輩人一共十八個人一起被打死；這十八個人中有一個，很幸運，剛好沒有打到，跌入水裏，鑽入大水管，一路沿著大水管，從城隍廟那裏上岸，向附近人家借了一件衣服之後，就走了。他也想來通知我們，可是不知道我們家在什麼地方；他的名字我一下子忘了。

我們去認屍的時候，只剩我先生一個人在岸邊；再一個小時沒有人認領，聽說就要拖去埋了。其他撈上來的屍體都被認領走了，只剩他一個在岸邊；我們也是每天在找，不知道爲什麼就是沒找到。找到他的時候，他一見親人，鼻子、眼睛都流出血來；運回家後，給他穿衣服，中槍的傷口又流出血來；找回來當天，我就去登記死亡。

他們也沒有目標，都是亂捉；我們什麼都不知道，完全不知道，如果知道什麼風吹草動，我們會躲，可是我們什麼都不知道，糊里糊塗被捉。眞正的流氓他們不去捉，眞正有參與的他們不去捉，無罪的人反而被捉走。這種過失，政府說要賠，怎麼賠法，人都死了，怎麼賠，怎麼補償。

簡定春：那時我還是個孩子，阿滿姨這件事我知道，她們就住在我家附近而已。那時她們家的大人都跑光光，親戚五十也都不敢上門，她一個人獨力處理這件事，家裏一些財物也被人家拿走。阿輝是一個二十歲左右的少年，很胖；四方只有十六七歲，還小，也只有他們，在那個時候，才敢出來走動。

林溯涼：不僅如此，添旺死後要安靈位；那時我們是租別人的房子，因爲自己的房子要翻修，屋主認爲我們靈堂設在他們家不好，叫我們要設在後面。我們本來是大戶人家，怎麼有死一個人靈堂搭在屋後的道理。我不要，叫人家連夜在我們家的土地上，用杉木搭了一間簡陋房子，靈堂仍然設在我們家。晚上，只有一盞小小的燈，外面狗不斷悲鳴，我很害怕；阿郎嬸知道我怕，怕我晚上不敢睡，晚上都來和我作伴。

我先生死後，我靠賣冰水維生，扶養兩個孩子長大；我兒子今年已經四十八歲。

在以前蔣總統的時代，我們都不敢提；我也不讓人家知道我們是因爲二二八而受害；蔣經國死後，換李登輝，大家皮皮的，才敢提起；我不想讓兒子受二二八影響而失志。

我兒子小時候，不知道這件事，後來長大了，我會半開玩笑的告訴他，爲什麼我們的日子會這麼苦，就是因二二八事件來的。事實上，事件初始，打架時，臺灣人也打外省人，我們也不能恨所有的外省人；我恨的是國家無緣無故把人家捉去打死；現在又說要建紀念碑、要賠償，這要如何賠法、如何做法；四十七年的苦，扶養一個四歲、一個六個月大的小孩的苦，要如何賠法！光復那年，我們雙方長輩又都死掉，一個人無依無靠，如果自己不夠堅强，兩個孩子一樣死光光，這種苦政府了解嗎？這筆帳要怎麼算？

吳德平這個人我本來不認識；古早的女人，和現在不一樣，都只待在家裏帶孩子、煮飯，但是我知道我先生是被吳德平這個福州仔警察捉走的，後來我有去找他要人，不久他調到元町派出所。我恨他，但是無能爲力，只能背後罵一罵。他自己說，他看見添旺在出水裏向他招手，我也罵說，會啦，會報的。後來他跌到淡水河裏死掉，眞的報應不爽。

基隆被打死的，至少一千人以上，當時海上浮屍很多，會嚇死人。

那天我去登記二二八時，我就告訴承辦人員，要人證我有，要物證我也有；我拿死人頭骨來給你。在他頭蓋骨上，槍彈孔還留著，從額頭前面打，從後面出來。他的後事，都是我在處理，所有的經過，我還一清二楚。我們一家，到現在仍然是團團圓圓的，只是對他的枉死，我很不平，也很不甘心。要賠，怎麼賠；要做紀念碑，我不答應。

張碧玉：屍體撿回來時，眼睛用布蒙著，嘴裏塞著棉花，手腳被鐵絲反綁背後，還掛著一塊大石頭……
（宋隆泉攝）

陳朝輝（基隆煤礦助理工程師，死難者）

受訪者：張碧玉（陳朝輝妻）
時間：一九九三年四月二日
地點：基隆市簡宅

訪者：簡定春、張炎憲、高淑媛
記錄：高淑媛

屍體撿回來時，眼睛用日本軍用綁腿布蒙著，嘴裏塞著棉花，手反綁在後面，絞鐵絲，還綁一塊石頭，腳也用鐵絲綁著；屍體泡在海水裏，身體整個腫起來，腫得把衣服塞得滿滿的，放不進棺材裏，硬塞進去。

我兒子考初中時，去領戶口謄本，記得好像上面寫著「槍決」，現在再去領卻沒有看到「槍決」兩字。

我丈夫陳朝輝的父親是東京早稻田大學畢業；我公公的母親在世的時候，家裏也是有錢人；我公公的母親是杜伯英家族的；杜伯英是基隆第二信用合作社謝修平的舅舅。她母親到東京結婚，生下他之後才帶回臺灣；回臺灣後，他父親自己做事業，做得不順利，賠錢；大戰時，基隆煤礦派他父親去南方，戰後沒有回來。

朝輝是老大，他有四個弟弟三個妹妹。大戰時，他們那一甲（按：日治時期實行保甲制度）派大弟弟去菲律賓做軍伕，那時挑比較優秀的青年徵調去當兵，兄弟人數比較多的派去南方；老三也被徵調去南方，後來有回來；第四個弟弟在日本學電器技術，還有一個第五的，年紀還小，整個家裏生活費用靠他的薪水維持。

朝輝可能是九份公學校畢業，那時他父親在九份包工事；畢業後，進入基隆煤礦當給事，類似現在的工友，一邊到臺北讀夜間工業學校，下班後去唸書，唸礦冶科。我嫁過去時，朝輝在基隆煤礦做事，結婚不久，一九四六年十一月十九日升為助理工程師，我們很高興。他晚上到光隆商職教書，日本時代叫「商業先修」，戰後才改名「光隆」，顏欽賢辦的，兼辦補校。每個月領回來的薪水，都交給我婆婆，給家庭用。戰後初期，家裏只靠他一個人的薪水維持，生活相當困難，月薪不夠用，常常要先借薪水，領錢時再扣掉。他的零用錢反而是我在給，被捕當天早上他要去上班之前，我塞給他一百塊錢。一百塊錢在那個時候算是很大，那時剛終戰，日本時代一千元可以買一棟樓房。

我的娘家是開雜貨店，賣菸，賣酒，賣雜貨。我還未嫁時，都由我看店，錢的收支都經過我的

陳朝輝、張碧玉結婚時。（張碧玉提供，宋隆泉翻攝）

手，父母親相當信用我，比男孩子還信用；現在店由我弟弟做。我父親張塗做過警察、代書、保正，在基隆相當有名氣，做警察時，每次叫他去捉賭，他就先告訴人家，「我要去捉，趕快跑。」然後再去捉；戰後他不提他在日本時代做過警察的事。我爸爸很疼我，生意都交我做主；日本時代改姓名爲「安永俊子」，我先生也改姓名爲「高島」，叫高島南海雄。兩邊都是國語家庭，家境都相當好。

二二八前不久，他升助理工程師；比他年紀大的、資歷深的沒有升，他升，他們開始忌恨他，背後批評他，說他年少英俊，會講話才會升官。實際上，論實力，朝輝比較强，他唸過工業學校，別人沒有。二二八時，他每天照舊上班，故意不剃鬍鬚，以爲不剃看起來比較老，比較安全。而且出門過馬路，就是會社，我們才在慶幸，不必走遠路去上班，二二八鬧得這麼大，我們不會出事情。基隆煤礦裏一對姓「誠」的夫妻，外省人，還跑來我們家避難。

三月十四日有穿黑色衣服的軍人先來我家，用日本話，說是電力公司的人，要找朝輝。我以爲是他的朋友，告訴他們我先生今天去會社上班，他們就走了。我婆婆叫我去會社，先跟他說一聲，有電力公司的朋友找他；我到會社時，他們還站在外面等，看到我來，臉色有點不高興。我跟基隆煤礦的職員說，等一下跟我先生說，我有話要跟他說；會議完畢，他出來，我跟他說，電力公司姓陳的到我們家要找你；他說不認識這個人，不過沒關係，妳先回去，我跟他談。

後來聽人家說，這個人還進去會社坐，跟他談天，再邀他出來。朝輝向礦長說，這個人找他，他要出去；出了會社的門，另一個人走過來，一人一邊，用手槍抵在肚子旁邊，叫他不准出聲。有人看到他要上車時，走路發抖。老實人，一被押，大概就知道事情糟了。車子是黑色的軍車，車子的車牌，已事先拿掉；押走之後，就失蹤了。這是彭溪河的父親說給我聽的，人家都叫他「師公養」。

他被捉後，那對姓誠的夫婦，從此沒再來過我家；還有一個陳臺星，以前住我家隔壁，後來他父親搬到臺北，他在基隆煤礦工作，我先生出事後，到我家帶走所有我先生和煤礦有關係的東西；還有一個姓李的，是我先生的助手，我先生死後，不敢再到我家；三坑口坑長，姓洪，和我先生很要好，在他生前常來我家，一出事後，也不敢再來。他死後，沒人敢來我家，我家顯得很安靜。

朝輝生前，很多人常來找他，一個姓周的，下班之後常來找他，叫他礦坑要做給周的老闆；他一個叔叔剛好失業，他把礦坑轉給他叔叔；周說轉給他的老闆，看朝輝要怎樣抽成，可以商量；如果給叔叔，就沒有任何好處；朝輝沒有答應。結果朝輝把礦坑給他叔叔，他死後，他叔叔發展得很好，但從沒援助過我們，都是杜伯英的母親幫我們準備吃的、穿的。

他在會社被捉，沒有回來，我和我弟弟就一直找，礦長也打電話到軍警各單位問有沒有陳朝輝這個人，都說沒有，人就這樣子失蹤。我們聽到什麼地方有屍體，我們就去看；在他被捉兩個禮拜後，我聽說城隍廟那裏有屍體，我們趕去看。在城隍廟口，元町派出所和車站之間，現在忠一路的岸邊認到屍體，同時還有幾具屍體放在那裏讓人家認。我弟弟翻開屍體的衣服，我依他所結的領帶，所穿的衣服認出的；他的內褲是大弟從南方寄回來的，其他人比較少有。西裝、襪子還穿著，手錶、一百塊錢不見了，皮鞋也不見了。屍體撿回來時，眼睛用日本軍用綁腿布矇著，嘴裏塞著棉花，手反綁在後面，絞鐵絲，還綁一塊石頭，腳也用鐵絲綁著；他們打算滅屍，綁石頭不讓屍體浮起來，嘴塞東西不讓他叫喊。屍體泡在海水裏，身體整個腫起來，腫得把衣服塞得滿滿的，放不進棺材裏，硬塞進去，蓋子卻沒辦法蓋緊。那時天氣很冷，屍體沒有爛掉，但是已經聞得到屍臭。我爸爸叫「阿泉」幫忙把屍體運回來，當天馬上出葬。那時我們家裏都沒有錢，杜伯英的母親來，幫我們發落出葬的事。

我兒子考初中時，去領戶口謄本，記得好像上面寫著「槍決」，現在再去領卻沒有看到；我後來再嫁的先生，看到上面寫「槍決」兩個字，很擔心，擔心我兒子日後不知道會不會受影響。所以我認為朝輝是被人陷害，公報私仇而死的。

那時我懷孕，八個月大。杜伯英的母親跟我爸爸說，讓我在婆家住，把孩子生下來，有問題他會援助我們；我先生死後，家裏沒有人賺錢，沒有東西吃，杜伯英的母親叫米時都叫整包，我婆婆才去杜家提回來，年節也都幫我們準備，我才能在陳家住下來。那時我們還住在基隆煤礦宿舍，孩子生下來後，會社就來趕我們走。我婆婆說，初生嬰兒要等四個月後才沒有胎神，四個月後才能搬，獲准暫住，四個月後，他四弟在電力公司，同情我們一家那麼多人沒有地方住，給我們一間宿舍。

那時生活很苦，小孩子要斷奶，打算斷奶之後去找工作，也沒有錢買奶粉，買碗米漿放著，準備孩子肚子餓時給他吃，我把奶頭用墨塗黑黑的，那晚孩子卻一覺到天亮，到天快亮時，才吃米漿，隔天，煮稀飯餵他；我想這也是天地註好好的。

以前不像現在，有手工可以做，我在陳家靠杜家的援助，終不是長久辦法。我婆婆有哮喘，我早上要很早起床煮飯給婆婆、小叔、小姑吃，準備便當給小姑上學，吃早飯前要先洗一大桶衣服；我有三個小叔，三個小姑，要洗一家九口的衣服，洗完才和婆婆一起吃早飯。吃完飯後，我婆婆有時去看病，看病也由杜家負擔醫藥費；有時去杜家拿菜，每天都出門。我看家，沒有錢，幫小姑小叔縫補衣褲，有時人家會拿衣服來給我做。

我父親日本精神很重，他覺得女兒雖然丈夫死了，也不能叫回家住，我媽媽在我訂婚不久死了；我結婚十二天，我弟弟娶太太，叫我四個月內不能回家；結婚四個多月，二二八就發生了。如果媽媽還在，也許會叫我回家住，爸爸也不會再娶。

我先生剛死時，有人說，妳不要哭，等孩子生了之後再打算，也是叫我把孩子生了之後放在陳家，要再幫我作媒。但是我不要，我不忍心，孩子生下來沒有爸爸，阿媽哮喘，生命隨時有危險，孩子我要帶在身邊，我好命，孩子跟著我享福，我歹命，跟我受苦，總比沒有人疼好。隔壁鄰居看我家庭困苦，小叔小姑那麼多，每餐都是小叔小姑吃飽之後，才和婆婆一起吃剩湯剩飯，有時配著筍乾和鹹菜；做月子也是杜伯英的母親準備東西給我吃，拿豬肝、腰子來，並坐在一旁看我婆婆有沒有煮給我吃，等我吃飽之後，才回去。隔壁看我生活很苦，介紹這門親事給我。

我第二任丈夫是桃園人，兄弟兩人，沒有住在一起；杜伯英的母親看過，覺得可以。

我婆婆希望用招的，杜伯英的太太說，妳還有三個小姑，三個小叔，又是窮人家，誰敢讓妳們招。婆婆開出條件，一要料理她百年之後的事，第二，年節時要回家祭拜。有一些開礦的事業家，他們不要孩子，要我把孩子放在家裏，只有他要孩子，所以我答應嫁他。

孩子四歲時，一九五〇年，我終於再結婚。我再結婚那年，他四十三歲，我才二十九歲，差十五歲；這個人很好，要孩子，很疼孩子，他的原配已死，沒有孩子。他家是日本式平房，和丈母娘，一個養女一起住，我嫁過去後，她們都忌恨我，說話蹧蹋我。我嫁後小叔來看我，回去跟我婆婆說：「姊姊日子還是不好過。」但是他很疼我兒子，以前的苦日子又過得很怕，我終留下來了。

再結婚很久，都沒有報戶口，因爲報戶口，孩子就不能姓陳。很多年後，才去報戶口，因爲去報結婚，必須和兒子離開。杜伯英的母親說：「沒有關係，以後兒子長大，娶媳婦，生兒子，一個姓張，一個姓陳。」我兒子很孝順他父親，這個媳婦也很好，媳婦先給我先生當養女，然後再結婚，我兒子反而變成招的。媳婦懷孕後，我先生說，他年紀大，生頭胎先姓張，生第二胎再姓陳；我兒子也答應他，現在孫子有姓張的，姓陳的反而沒有；因爲只生一個男孩子。

後來鐵工廠賠錢，他將它賣了，用剩下的錢跟人合夥，去標工程，曾到聯勤、軍部標引擎來做，有一陣子很好，後來因爲股本不夠，新機器買不起，落伍了，又收起來；後在二信工作，也幫人家蓋房子；過世之前我剛好六十歲生日，我要求不要幫我做生日，帶我到日本玩；日本沒去成，我弟弟邀我們去東南亞玩，回來不久，他就過世了。我兒子當兵回來之後，到二信，負責放款業務；現在已經當經理。

陳朝輝

周金波：我和弟弟楊國仁一起被捉，我太太用大方巾包舊臺幣，用錢要買回我們的性命，他們要多少，就給多少，錢一直送進去……（張炎憲攝）

楊國仁（國小教師，死難者）

受者：周金波（楊國仁兄）、周太太
時間：一九九二年十月廿二日、十一月一日
地點：基隆市周宅

訪問者：張炎憲、胡慧玲、高淑媛
記錄：高淑媛

遊行時，拿一隻大旗，畫漫畫，一幅是棉被兵，來時，經過臺灣海峽挑棉被上岸；回去時，挑著簍筐，一邊放臺灣女人、一邊放臺灣的物資，一些好的東西都被搬到大陸去，臺灣女人也被搬回大陸；還有一幅，畫一位穿中國軍服的，和現在這個郝柏村一樣，長得肥肥的，兩手攬著臺灣女人，上北投。那時臺大學生畫的，很具諷刺性。

一、姓氏的故事

周金波：我總共有八個孩子，四個兒子和四個女兒，一半住在日本；現在繼承齒科在這裏開業的是第三個兒子，日本東京大學齒科畢業。

我姓周，但是我的孩子也有姓楊的；我是「抽豬母稅」，我姓楊的阿公早死，阿媽又招姓周的丈夫，讓他抽，抽到我；所以每次考試，人家都覺得奇怪，我怎麼姓周；抽去當軍醫時，我也差一點被抽去當兩次，一次姓周的，另一次要來抽「楊金波」。

我戶口名簿登記姓周，姓楊和二二八事件有關係。二二八僥倖撿得一命之後，怕他們再度找周金波，才改成姓楊，用了七、八年後，我父親搬走，我最小的弟弟，他是我母親經過十二年後再生的小弟弟，比我大兒子還小；基隆水產學校畢業，沒有牙醫的牌子，我父親的牌子就遷過去給他，變成我沒有牙醫牌子，不得已才又恢復姓周，繼續牙醫的工作（按：周金波在日本時代就有牙醫執照）。那時政治氣氛已經比較平靜，使用周金波之名比較沒有關係了。

我的孩子也有兩種姓，一半姓周，一半姓楊。樓下這個兒子姓周，是我病後硬調他回來的；否則基隆長壽齒科就沒人繼承了。

我是一九二二年三月二十二日生，我是老大，兄弟四人，老二是楊國仁，二二八時死亡；第三個叫楊國祥，第四個是楊國泰。我從壽公學校畢業後，到日本大學附屬第三中學讀書；在學生時代，很有趣，因爲我父親是該校出身，第三屆的，又讀附屬中學校，只要平均點有六十分，就可以免試直升大學，不必緊張入學考。我父親一直希望我早點完成學業回來替他開業，我是日本醫科大學第十八屆。一九四一年，大學畢業，六月回來，八月就結婚，結婚之後，就在這裏看牙齒；也寫小說。

二、戰後初期

戰後初期秩序很好，日本警察在戰敗後丟下工作，臺灣人自己組織三民主義青年團，我負責文化部，彭炳奎是護衛隊長，爲了回歸祖國一切都很順利；日本在戰敗後把「鱸鰻囝仔」都放出來，他們也自行組織「省修會」，各地方都利用這些「友仔」維持治安；這些友仔非常淸楚哪裏有不法的人，不法的團體，所以治安維持得很好。三民主義青年團則負責籌備歡迎國軍的活動。那時一個特色就是過去的「頭人」，日本時代的御用紳士、議員，防衛團和警察，現在都不敢出來。他們在日本時代，和日本人合作，有時說話也會誇大一點，比如說過「如果日本人會輸，我做狗給你騎」這一類的話，戰後都躲起來了。戰後日本警察坐漁船首先離開臺灣，日本人被集中在港口倉庫，外面的事情他們也不敢再管，所以治安很好，就等國軍來。

當時船一條一條來，每次都說國軍仔要來了，每次都沒有來；國軍沒有船，都得靠美國兵仔；一直等一直等，等到十月二十五日，才上岸；那時我、三民主義青年團的幹部，還有我父親一大羣，都去歡迎，看到上岸來的是「棉被兵」，我們反而幫他們說好話，說抗日八年，吃不好，穿不好，才會這樣狠狽。國軍仔揹一些乾糧，一上岸，大家都楞住了；又腳上綁著綿布，綁得肥肥腫腫的，我們就說，裏面綁有鐵片，解開之後，一跳可以跳到屋頂上；那時愛祖國愛成這樣。

國軍上岸之後，眞「匪類」，買東西亂出價，出得很不合理，商家不從，就用搶的；最出名的是買水龍頭，認爲買回家後，在牆上挖個洞裝上去，水就可以出來，叫「自來水」，日本時代叫「水道水」，要牽水管才有水，中國仔叫自來水，水龍頭一裝水就來，連水管都不必牽了；水不來，跑到商店跟店家吼叫。二十五日上岸，二十六日開始「匪類」，市場上常見中國兵仔出來買東西；日本兵絕對不會出來市場買東西，中國兵仔出來市場買東西，豆干或是豬肉勾在槍尾刀上，晃來晃去，大家印象很不好；還有米，開始漲價，其他東西也跟著漲價，什麼東西都漲，後來才知道，這些中國官員都忙著貪汚。

三青團出來維持治安，是在警察還沒有來臺灣之前；後來中國警察來了，一看，都是一些賣豆腐的，修補皮鞋的，較優秀的不敢來；臺灣人其實很乖，很好管。軍隊，棉被兵爲什麼會來臺灣，是因爲中國擔心臺灣不知會不會接受中國政府的接收，先推一些爛兵來，把一些菁華的青年軍放在老蔣的身旁，算盤打錯了。

三、五四示威

一九四六年五月四日，我們已經發動遊行；我曾去基隆圖書館找資料，一九四六年的這次遊行，原先記載二千名羣衆遊行，後來變成五百名，現在連記載都沒有了，從歷史上消失。

五月四日學生運動，這是臺灣第一次遊行。那時中國人來了，省修會的友仔閒下來，學徒兵也從海外回來，還有一般市民、三民主義青年團、基隆水產學校、光隆商職、基隆中學等不滿中國仔欺負臺灣人，抗議中國政府的貪官汚吏；以日本留學生爲領導中心，在媽祖宮前空地集合，約有一千多人。

中國仔來接收之後，幾乎每天都有事情發生。省修會接管警察局，維持基隆治安時，友仔很會捉賊、捉走私，而與走私的結怨；第一分局局長黃有安，和走私者勾結，和友仔有衝突。我們這裏，住一個友仔的頭人，叫「阿猴」，他的弟弟約二十出頭，被走私的捉來捆一捆裝入布袋，沈入基隆港，這是二二八之前的事，是中國政府來臺灣後，基隆港第一個寃魂。

那是戰後第一次遊行。

遊行時，拿一隻大旗，畫漫畫，一幅是棉被兵，來時，經過臺灣海峽挑棉被上岸；回去時，挑著簑筐，一邊放臺灣女人、一邊放臺灣的物資，一些好的東西都被搬到大陸去，臺灣女人也被搬回大陸；還有一幅，畫一位穿中國軍服的，和現在這個郝柏村一樣，長得肥肥的，兩手攬著臺灣女人，上北投。那時臺大學生畫的，很具諷刺性。

遊行時，繞過派出所，到警察局時，被捉到，捉了三個，一個獅隊擂鼓的，一位臺灣籍老師，姓陳；我是押隊，走在最後面，也被捉進去，被大大修理一頓，用脚踢、灌水，想要刑出誰在後頭策動；當時我褲袋裏有紅包，裏面裝著兩百元，警察一直逼問紅包是誰包的，那是女議員黃連香拿來給我的，沒想到成爲被打的理由。遊行隊伍喊「周金波等被捉走了」，一下子整個警察局都是人。他們將我關進牢籠裏，牢籠裏的人每個都氣阿山，看他們不起，晚上帶我到密室，用扁擔夾腳，非常痛，痛還可以忍，灌水時氣都快沒了，眞的會怕；外面蔡軍耀，現在王子飯店的老闆，撥出一些米，發動一些女學生，捏飯糰，帶領一些人到警察局靜坐，將警察局團團圍住；甚至警察局雇用的臺灣女傭，都很氣阿山，我在裏面，眼鏡被打掉，裏面的女孩子將眼鏡撿起來，偷偷拿還給我；我被捉時，有抵抗，那時我年輕有力，那些警察也不是正規的警察，仗著人多勢衆才捉到我；後來我去驗傷，共有三十多處傷，主要是槍托打的，槍托裏面是空的，這種傷最不容易好。在牢籠裏，臺灣人對我很好，拿傷藥給我吃，讓我睡最好的地方，沒有欺負我是新進來的；我在警察局牢籠裏面過了一夜，第二天半夜，我父親和其他參議員，一起來保我出去。另外兩個被捉的人好像放出去了，我在裏面沒有看到。

講到這裏，我想起臺灣最後的抗日事件，是一九三九年還是四〇年，留學生放暑假回臺，很喜歡打野球，在高砂公園打野球，一個日本造船廠員工也常打野球，將學生隊趕走，留學生很兇，罵造船廠的人「臭狗仔」，雙方開始相罵，旁邊看熱鬧的臺灣人跟著起鬨，「打呀、打呀」，眞的打起來了，日本人被打得慘兮兮；這是日本時代最後的抗日事件；這個事件一直沒有人知道。這些留學生，中國精神很重，戰後，看到來臺灣的國民黨沒國家意識，以揩油爲目標，看不過去，才會發生這麼大的事件。

四、二二八事件

二二八這件事情，別人也來訪問過；今年，二二八事件開始可以公開討論，華視一位胡小姐也來採訪，我帶他去信一路和仁一路交叉口，有條田寮河，在警察局後面，基隆就是這條運河死最多人，整個人被綁著，嘴裏塞破布條，用鐵絲綁成一串串，踢入運河；我弟弟也是被踢到這條運河裏，四個人綁成一串；也有三個人綁成一串，或兩個人綁成一串的。胡小姐要來拍，我就帶他去拍，本來一直期待華視會播出，但是沒有出現；我女兒現在在中廣工作，當製作人，已經任職很久了；我有交代她要去拿回帶子。

楊國仁是一九二七年出生，日本時代做過日本兵，回來之後做老師。

二二八時，我弟弟是在寶公學校當教員；我是讀壽公學校；壽公學校也有外省教員，二二八時，外省人被打，教員嚇一跳，我弟弟保護他們上船，時間是在三月六日左右，三月五日、六日還有船去上海、廈門。

二二八我們都沒有參加；那時我當里長，我父親楊阿壽是市參議會議員；這一帶有四個里，河興里、後井里、新店里、文昌里，四個里聯合辦公；臺北二二八事件處理委員會逼我們要組織自衛隊，我覺得沒有必要組織自衛隊；我們左鄰右舍都是臺灣人，都是自己人，沒有外人，不必組織自衛隊。

三月初八以前，路上有臺灣人打外省仔，至於有沒有臺灣人搶警察局的武器，我並不清楚，我沒有出門，但是我知道有憲兵隊來攻打派出所，軍隊來攻打派出所，這種事在二二八之前曾經發生過，我們站在一旁看熱鬧。事實上我也沒有參加外面打外省人，聽到外面有人在喊「外省仔、外省仔、出來、出來」，也沒有那麼好奇跑出來看。

我知道有臺灣人被打死，是三月八日以後的事。三月初八中國兵仔到基隆，初九早上，我在睡時，兵仔來敲門，敲得砰砰響；原本這前面都沒有房子，我家是高砂町一丁目一番地，是第一間，外面敲門，我就出去，外面已經排了長長一列，我下去，兵仔拿一本簿子，上面注明我是「流氓」。「流氓」這個字眼，以前我沒有見過，我們都說「鱸鰻」，並不知道「流氓」是什麼罪名。我下去，兵仔就說「走」，整條街的年輕男子一羣一羣被帶走，都帶到現在仁愛國校和信義國校；信義國校是以前壽公學校，也是我的母校，仁愛國校是以前「雙葉小學校」，日本人讀的，兩個學校之間隔著一條水溝。我們被帶到那裏時，已經有很多人跪在那裏，兵仔用輕機關槍押著，叫我們不能動，一動大家都會遭殃，打死後直接踢到學校後面的水溝裏。

我和我弟弟楊國仁一起被捉。兵仔到每一家去敲門，捉來很多年輕人，有人當場被揍死，我認識一個叫楊耳的兒子，就是當場被揍死；那時不能用槍，美國大使館美軍顧問團乘著吉普車出來巡視，不能讓美國仔聽到槍聲。我們兩個排在一起，地上的泥土，是用燒過的炭渣鋪的，大家跪在上面，也是一種虐待；他們從頭開始叫人；那時我弟弟年紀小，大家怕他受不了動一下，機槍就「砰砰砰」射過來，一人害衆人，大家互相警惕「不能動、不能動」，尿尿也得就地解決，尿在褲子裏。

當時天色還很暗，現場大約跪了二百多個人，兵仔依序一個一個叫人，我想弟弟比較不能忍，叫到我時，我先讓他站起來，然後才是我。叫完後，依叫的號碼編隊，一個隊伍是雙數，一個隊伍是單數，我們編在不同隊；我們在信義國校編隊，編完後，大家還是蹲著，沒有讓你站著，然後，有「探子」帶人來認。探子類似警探，福州仔，在日本時代，不好的工作，像修補皮鞋、剪頭髮等，才輪到他們做，他們在故鄉沒得吃，我們還蓋房子給他們住；這些探子是在省修會友仔維持治安時，曾被友仔捉過的賭場老闆等等，藉機來報仇，我們當中有些人就被踢、被打。

後來，我弟弟被載去警察局，我載到憲兵隊；有些裝不下，被帶到要塞司令部或海軍，前一陣子在三沙灣仔挖出一堆骨頭，可能是這些人的屍骨。

總而言之一句話，人被捉去，中國仔揩油的材料就有了，楊元丁和我父親楊阿壽是警察局長下命令，要捉他們兩個來殺，格殺勿論，沒有講情的餘地。我父親和楊元丁去南部買米，那時鐵路不通；因爲外省人一到臺灣，接管鐵路，不懂而亂搞，鐵路工人有機會就反抗，乘機罷工，所以鐵路首先不通。楊元丁和我爸爸到臺北還是什麼地方買米，我父親回來後先到朋友那裏；楊元丁到市參議會報告，半路被警察攔住，現在愛三路新東陽對面，是第一分局所在地，拖去那裏，槍斃後，踢到水裏去。那時房子並沒有蓋成這樣，分局後面是海水；楊元丁是被指名的，還有我父親楊阿壽。

楊元丁副議長和楊阿壽是議會最敢說話的，議長在日本時代就是御用紳士。市參議員裏面我父親和楊元丁、張振生是日本時代參加文化協會的，五四遊行，我被警察捉進去修理，我父親和楊元丁在市參議會質詢郭昭文，批評郭昭文，郭昭文懷恨在心，省參議員對郭昭文也不滿，常常批評，郭昭文有一陣子被撤換回大陸，二二八之後才又回來臺灣，不久做局長。

我到憲兵隊，約十多個關在一間，當時如果北京話能通很好，同房兩個少年，桃園人，北京話很好，和看門的講話。那時如果我語言能通，就可以跟他們說，我沒有做壞事。當晚，看門的就叫那兩個少年仔出去，我恭喜他們要被放出去；看門的也說，要換較舒適的房間給他們住；後來才知道，那兩個少年仔在郵便局上班，值夜班，兵仔去郵便局拉他們出來，雙方在街上大吼大叫，可能是打電報發生衝突，公報私仇，我出來時他們兩個已經浮屍基隆港。

我關在裏面兩三夜，我太太在外面找門路，用錢買性命。

五、買回生命

周太太：那時我很緊張，到處求人，尋找門路，因為這關係我先生的性命，用錢買性命，用大方巾包舊臺幣，包得快滿出來。到那時，我才知道，用錢可以買性命；才相信，中華民國，就像日本時代看中國電影，用錢可以買到性命。當時戒嚴，外面沒有人敢走動，我把孩子放在家裏，仗著我是女人，到處探聽他被關在什麼地方。到憲兵隊，憲兵不讓我進去，我就和憲兵推擠，用錢去買命，他們要多少，我給多少，錢一直送出去。我探聽到我小叔關在什麼地方時，我小叔已經浮在港裏。救我先生出來後，我穿皮鞋，才發覺十隻腳趾頭都因走路太多而發腫了。

那時很亂，在公園頂，兵仔用槍打少年囝仔，整座山，槍彈飛來飛去，我看了嚇了一大跳，不敢再看。

他被關出來後，嚇得得到心臟病，只要聽到「悉悉索索」人在門外走動的腳步聲，就會驚。我們是齒科醫生，又是里長，教育程度那麼高，怎麼會做壞事。

幫我們送錢的那兩個人都死了，一個姓蘇，一個姓顏，都是憲兵隊的，也是知識很高的人，才會了解我們的程度，敢給我們做保證，保證我們不會做壞事。

周金波：憲兵把我放出來的時候，交代我，如果背後有人叫你，不要回頭；回家後不要出來。我原先並不明白憲兵意思，後來才知道他們很內行，錢收了，會保護你；後來我又被警察仔捉兩次，憲兵揹著槍坐在我身旁保護我。

中國仔要揩油，手段很高；他們拿紙，要我寫出十個要好的知己朋友；我怕寫下去會害到朋友，乃說，我每天在看牙齒，很好的朋友沒有；有人寫給他們，我出來才知道，他們就用那張紙，說有人指名是你，捉你去揍、去刑。好運一點的被揩油，花錢了事，歹運的命送出去；我出來之後，也有外省人朋友，他們說我做里長，大賺；他們說，中國如果戒嚴，做里長什麼長的最好，有很多好處。

我們做里長反而沒米吃。我們也沒經驗，戰爭時，食物用配給的，里民來領米，領地瓜，都秤多一點給他們，到最後不夠配給人家，自己反而沒有米吃；日本人在戰爭時，實施食物配給，數量不多，至少不會讓人民沒有東西吃，肚子不會餓。

我在憲兵隊關三天，十二日放回來的，就是那天，我弟弟浮出來，我們現在做忌都做三月十二日。

後來白崇禧來臺；自三月初八日起，警察、憲兵隊、兵仔各自成一單位，因爲各成單位，憲兵隊要放我回來才可以放出來；白崇禧來之後，聯合軍憲警各單位，警察也來家裏調人，那時來我家要調「周金波」，我也傻傻的跟他們走；警察要捉我父親一直沒有捉到，因此又來捉我去。被捉後，憲兵來我家，叫我太太找人保，我太太找副里長詹水源保，副里長也很怕，怕日後會連累到他們，夫妻爲此吵架。

回來之後，我一直躲在屋裏樓上不敢下樓，連我弟弟撈起來，還沒有出葬，我也不敢下樓，怕「探子」看到，又發生麻煩。整個基隆市沒有多少人敢出來走動，就像《悲情城市》所描寫的一樣，像個死城。我一個親戚，是「省修會」的頭人，他在三角窗被槍殺，因爲他以前捉過福州仔的賭場，在現在愛四路彰化銀行那裏，就讓屍體放在那裏，彰化銀行附近一個醫生，福島醫院的院長，出面想將他的屍體拖回去，也不讓他搬回去。

後來，我被報爲「流氓」，白崇禧來之後，慢慢清，慢慢清，周金波是流氓，一直有案底，憲兵隊有派人跟我聯絡，交代我若被掠去，要趕緊去通知，他們會派人來我家保護我；我被警察局捉進去，憲兵又把我放出來，警察局一直要捉我，因爲我是楊阿壽的兒子，所以又來調我去，憲兵隊又來放我出來，後來就派憲兵揹著槍，來我家保護我。過一段時間，犯案歸法官審理，警察就無權捉我了，但是我是流氓的名單一直留著。

經過這些事情之後，中國仔，我絕對不信任他們。做中國人很可憐，現在我是臺灣、日本兩頭住，也不願把臺灣這個美麗島放給中國仔。

六、父親的逃難

我爸爸後來躲在對面博愛病院張進文先生處，張先生和我父親是日本留學時的同學；後來李清波派人來帶他走，他是金包里的人，是半山，對我們好，一九四七年出來競選國代。他來帶我父親到臺北東本願寺，我們原先並不知道父親行蹤，父親到東本願寺之後，派人來家裏拿錢，我們才知道他躲在臺北；我們隔段時間就帶東西、帶錢去給他，他在東本願寺住了兩個多月，魏道明來臺灣當省主席時，他才回來。中國仔很複雜，他是看你這個人有利用的價值，才來保護你；你接受保護，就欠他一筆人情債，必須還；他要出來競選國代時，就必須支持他。

李清波那時是上校，是中國官，派系不同，互相鬥來鬥去，陳氏兄弟CC團來臺灣時也是這樣。我們從來沒有想到警察局和憲兵處不好，看到憲兵攻派出所，覺得很奇怪；日本時代沒有這種事。

我父親回來之後，繼續當市參議員，後來當過副議長，做了七、八年議員，選舉時也沒有花過錢。謝貫一做市長做了很久；國民黨爲了選舉，爲了保護自己，一些無牌的拳頭師都發給中醫師的牌，國民黨讓大家瞧不起，就是一些像這類的事件。

我父親過世時九十三歲；在綜合運動場舉行告別式，李煥來基隆，擔任治喪委員會主任委員。我父親是國民黨員，屬於蔣經國救國團系統，革命實踐研究院第九期學生，那時李煥是主任；死時蓋黨旗，頒發證書，是戰後第十五號。我爸爸在國民政府來接收時就加入國民黨；我弟弟被殺後，我很氣國民黨，我爸爸也常常在罵國民黨。

基隆建設這麼慢，國民黨的謝貫一要負最大責任，工程貪污，阻礙基隆的建設。基隆原來人口很少，集中在仁愛區，我們這里大概有兩百多戶，太平洋戰爭前，基隆人口有十二萬，戰後，日本仔回去三、四萬，剩八、九萬人。

戰後初期，臺灣民族精神旺盛的人，大都加入國民黨，來臺灣接收的國民黨員，以揩油、私仇的目的，在二二八事件時殺了不少忠黨愛國的臺灣人。

二二八是臺灣人的光榮，是一個表現臺灣人團結精神的日子；二二八沒有人認定是壞事，歹運的被打死，我替死的人惋惜，生氣是氣在心底。

蘇簡紅里：我去海邊找，看人家撈起屍體，一排排堆在車上。我眼淚一直流，一直哭回家，無法度啦。
（宋隆泉攝）

蘇仁正（臺北工業學校學生，死難者）

受訪者：蘇簡紅里（蘇仁正母親）
蘇梨香（蘇仁正大姊）
蘇仁傑（蘇仁正大弟）
李文元（蘇仁正表弟）

訪者：張炎憲、胡慧玲、黃仕宙、高淑媛
記錄：高淑媛

時間：一九九二年十一月十一日
地點：臺北市蘇宅

那時兵仔好多人來，兵仔的手腳都不乾淨，看到東西就拿，金庫打開，東西給他們拿走不打緊，還把人掠走，還來向我們騙錢，說拿六十萬可以換回弟弟。當時爸爸已經過世，媽媽一個婦道人家，愛子心切，向左鄰右舍借錢給他。

他親自來拿，來拿錢時說今晚仁正弟弟會回來。媽媽說要把人帶來才給錢，他還說：「不會啦，官官相護，哪有金收樓拆。」

一、蘇梨香

兵仔一踏進家門，馬上拿著大布袋將保險庫中的金錢財物，一把一把的往袋子裏裝，一直往袋子裏裝。他們也把我綁住。那時我廿一歲，手上帶著錶，我喊媽媽：「阿母啊，他們剝我的錶。」媽媽說：「不要緊啦，給他啦。」他們又把兩個弟弟綁住帶上車去，我也被掠進車裏，媽媽一直哭喊：「我的孩子、我的孩子啊。」我首先被放下車來，媽媽又哭又喊「我的兒子還我、我的兒子還我啦。」他們問「哪一個」，我指著仁傑說「這個」，他們把小弟放下車來。媽媽又哭喊「還有一個啦、還有一個啊。」他們又問「哪一個」，我指仁正說「這個」，他們說：「這個明天才送回來」。隔天沒有送回來，媽媽一直哭，找到司令部去，他們說這個人已經不在了。

蘇梨香：媽媽用錢去贖弟弟，燉豬腳、煮麵線，準備給弟弟收驚。沒想到人還是沒放回來，連屍體也沒地方找。（宋隆泉攝）

那是一九四七年三月十九日的事。那天一共掠走三個人，其中兩個是我們雇的伙計。

那時兵仔好多人來，兵仔的手腳都不乾淨，看到東西就拿，金庫打開東西給他們拿走不打緊，還把人掠走，還來向我們騙錢，說拿六十萬可以換回弟弟。當時爸爸已經過世，媽媽一個婦道人家，愛子心切，向左鄰右舍借錢給他。

當天先拿三十萬元。我們一時也沒有那麼多錢，錢是借來的。他拿錢時說今晚仁正弟弟會回來。媽媽說要把人帶來才給錢，他還說：「不會啦，官官相護，哪有金收樓拆。」意思是說錢收了，不會那麼狠心把人給殺了。媽媽把錢給他後，一直很高興的期待弟弟回來，燉豬腳、煮麵線，準備給弟弟壓驚。一直等一直等，等到晚上九點還沒有見到人回來，才知道被騙。媽媽很不甘心，跑到司令部哭，我認出來家裏要錢的那個人，指著他說：「這個人拿走我們三十萬，不把人放回來」，媽媽在一旁一直叫我不要講、不要講。最後他們說，拿這三十萬回去大陸很好用。人還是沒有放回來，連屍身也沒地方找。

二二八時，大家門都關得緊緊的，那個時候亂打，看到人就打，看到人就打。事件後，媽媽繼續開米店，我在店中幫忙，幾年後搬來臺北。剛開始經濟不是很好，居無定所，搬來搬去，一些舊資料都散失了。

我們住在此地已經十多年，目前生活還過得去。

二、蘇仁傑

二二八事件發生那年我十四歲。哥哥大我五歲，當時是臺北工業學校電機科五年級學生。哥哥能考上工業學校，在當時的基隆是相當不簡單的。聽姊姊說考試前爸爸曾許願說，如果我這個兒子考得上臺北工業學校，他死也甘願。後來爸爸就失蹤了。

爸爸國民學校畢業，日本話很流利，住過日本好幾年。戰時作過米配給所主任，南榮路這一帶過去叫瀧川町，都歸他管，兼開米店，經濟相當富裕，因而希望孩子受更好的教育。

爸爸的失蹤聽說是這樣的。那時我爸爸開船頭行，和大陸做生意，大陸那邊的帆船帶來的蝦米等土產我們都收，用買斷的方式和大陸客交易。有個唐山客搭帆布船來靠行，我們把他的貨物買下來，付錢給

蘇仁傑：事實上，直到今天，四十多年來，我們家裏沒人敢討論二二八……（宋隆泉攝）

他，他在臺灣把賣東西的錢都花光光，要回大陸時沒有錢，向我們賒米，賒一百多斤米，沒有給錢。後來來家裏，說要爸爸和他一起去拿錢，搭他的帆布船出海，一出去就沒有再回來，等於是失蹤，是生是死也不清楚。那是戰後、二二八事件之前的事。

爸爸出事後，家裏經濟由媽媽掌管，開米店。哥哥曾經建議媽媽搬去臺北，認爲臺北做生意比較有發展，媽媽沒有答應，不久他就去住在臺北學校宿舍，沒有回基隆。

二二八發生後，政府戒嚴，火車停駛。一、二天後，他從臺北沿著鐵軌走路回來，媽媽很高興，

交代他不要出去亂跑。哥哥朋友很多，好像是基隆通學生的領袖人物，認識很多人。

基隆去臺北唸書的學生沒有很多，去唸開南、二中的通學生，常和火車車長吵架。在臺北工業學校那邊有個小火車站，從那兒坐車到基隆可以逃避買車票，那時的術語叫做「跑票」，不小心被逮到就和車長衝突。聽說當年其他學生都來巴結他，算是這一帶學生頭頭，其他學生和車長吵架都會來找他。

哥哥在家那一陣子，常常出去找朋友。哥哥每次要出門，我媽都會說：「不要出去，外面危險，有戒嚴，早上才打死一個人。」等等等，我哥沒聽，照樣往外跑。他在外面的行動，家裏完全不知道。

過一陣子，哥哥邀我去，去市議會幫忙分麵包。市議會信一路巷子裏，消防隊那邊，我們只去分麵包。去的時候，市議會正在開會，人坐得滿滿的，還有站著的，是什麼組織在開會我不清楚，聽他們的談話，是在討論如何反抗政府。這次會議並沒有談出結果，中午我們就分發便當和麵包給開會的人吃，會議沒結果我們就回家了。

以後，哥哥又不知怎麼和別人聯絡上。他是電機科五年級學生，自己會製作手榴彈，別人也知道。有一次用報紙包著自製手榴彈到對面少將嶺山坡上試擲，「碰」一聲很大聲，很多人聽到。他可能做很多個，拿去分發給別人。

基隆一直在政府控制之下，愛三路路底元町派出所安置一梃機關槍，派出所對面是一條大馬路。

有一次無意間聽到他們在說從大馬路這個地方丟手榴彈，應該可以丟到元町派出所。好像打算投擲自製手榴彈，占領派出所。他們可能是有這個計畫，不過後來並沒有眞的拿手榴彈去丟。可能有人來拿手榴彈出去，可能其中有人被掠，供出哥哥，所以那天晚上，大約五點多兵仔就來掠人。

兵仔搭乘市政府的巴士，汽車從安瀾橋（現在的正濱里）出發，特地到我家。到我家門口，先讓兵仔下車，再倒車回去；兵仔在我家前面裝置機槍後撞進門來，約有一連的兵仔來我家掠人。

那時哥哥正在二樓睡覺。我們剛煮好晚飯，正要叫哥哥起來吃飯，我坐在桌邊，還沒開始吃時，兵仔衝進家裏，把所有的人全部綁起來。他們說：「你們這邊藏有武器」，開始搜東西。金庫也被打開，裏面的財物有沒有拿我不知道，因爲我被綁在後面，看不到。媽媽也陪他們一起搜查。我家樓上租給一個唐山人，剛從大陸過來不久，會說他們的話，出面溝通。他說：「我們這邊沒那種人，我們大家都是老實人，讀書的讀書，做生意的做生意，大家都很安分。」他們也相信了，結束搜查，準備要走。

我媽媽性子急，七挖八挖的從金庫下挖出一箱東西，兵仔不會去注意金庫下面有沒有東西，他們只顧拿金庫裏面的財物。這箱東西被當作證據，把家裏的男人和年輕人都掠到車上去。媽媽一直哭，才讓姊姊下來，姊姊又拉我下來。

住在樓上的唐山人很老實，本來交涉快成功了，搜到證據，他也沒辦法，那時政府要維持治安。他也一直勸媽媽東西不要讓他們搶走，以後生活不好過。媽媽只哭著要兒子，其他都沒有想到。

隔天來掠人的兵仔來索取六十萬。是昨天帶隊來掠人的隊長，四、五十歲左右，胖胖的，戴著眼鏡，親自來家裏要錢，說要用六十萬換人，六十萬他會來拿，錢交了就把人帶回來。我們沒錢，向左鄰右舍借錢先湊三十萬給他，結果人沒有送回來。

後來也來搜對面的博愛團。博愛團中較精明、手腳快的，都爬上去躲，掠走一些不三不四，和事情根本沒有關係的人。哥哥被掠之後並不是馬上被槍殺，博愛團被掠走的人還看過，他還跟他打招呼「你也來啦」，哥哥點點頭。

哥哥被掠這件事，說他是寃枉的，也不全然是正確，因爲他是眞的有採取一些行動準備反抗政府，是基隆這一帶學生的頭頭。那時我還小，只知道他一天到晚都在外面忙，後來又從金庫下找到那些東西，我想應該是手造手榴彈，是自製的，威力不大。是他製造的還是別人拿給他的，我們也不知道。兵仔看到這箱東西，說「有證據」，就把我們都掠到車上去。

哥哥出事後，他一些朋友，有的我們認識，有的不認識，來家裏說要幫忙找尋他的下落，把他留下來的一些相片、證件都拿光，現在什麼東西也沒有留下來。

在我們家出事前，基隆港邊就槍殺很多人，屍體一個一個浮在海水裏。那時臺灣人和外省人還在打架，後來有部隊上來。

哥哥出事後，我們到處找人，到海邊、到司令部去找人，都找不到。

那時獅球嶺附近陸軍病院關了一些瘋子，我們懷疑哥哥會不會被當作思想犯關在那邊，去那邊找，可是他們不讓我們進去，我們找不到門路，只好放棄，我一直懷疑那些人可能是二二八事件的。

那一票通學生在二二八事件後消聲匿跡，也不知道能否找到。

我媽媽認為仁正被掠是冤枉的，常常以淚洗面。事件發生後，我家照常開米店，姊姊高等科畢業後幫忙媽媽做生意。我也幫忙做生意。

我希望能查出哥哥到底死在什麼地方。我知道哥哥被掠去基隆要塞司令部，司令部應該有紀錄。打死一個人之前，應該會審問，留下紀錄，如做些什麼事還有沒有同黨等等，應該可以追查。

我們一直想辦法找尋哥哥的下落，一直沒去報死亡，直到一九五五年戶口調查時，才登記死亡，區公所就在我家對面，對哥的事情知道得很清楚。

因為我們不知道哥哥到底是哪一天死的，只能在每年九月重陽那天作忌。另外我們也在口頭約定給他一個兒子，但沒有去登記。

我現在最大的希望是能知道哥哥死在何處，不要無消無息，其他賠償、道歉、建碑等等都是小事，中國兵荒馬亂那麼多年、死了那麼多人，這要如何賠償。

事件發生後，媽媽絕口不提二二八，這些事都是我自己得知的，並沒有和家人討論過，一方面因為生活問題，她一個人要獨力扶養我們，同時也有債要還，當時為了籌出三十萬元救出哥哥的性命，向親友借了很多錢，這些錢都要還人家；一方面也是害怕，驚惶的情緒一直在心中。

我也沒向孩子們提起二二八事件。我希望別再讓怨恨繼續下去，如果國民黨好的話，也可以接

傷心的蘇家全家福。
（蘇簡紅里提供，宋隆泉翻攝）

受，所以希望長子能加入國民黨。但是長子自己多少知道一點，堅持不入黨。我自己是國民黨員，不過現在已經退出，我太太和女兒是民進黨員，次子當兵時，上面馬上知道我家有民進黨，沒有吸收他入黨。我認爲不管任何政黨，只要對臺灣發展有益就好，同時也不想讓孩子對政府有不好印象，影響他們日後的發展。

事實上，直到今天，四十多年來，我們家裏沒人談論二二八，二二八的震撼一直留到今天。

三、蘇簡紅里

長子被掠之後，阮心內很痛苦，一直心神恍惚。一天夜裏做夢，夢到阿正回來，告訴我說：「阿母，我的名字寫在輪胎底。」我就知道阿正已經不在世上了。那時連醫生、校長也掠。我們到海邊四處招魂，呼喚著：「阿正回來啊，阿正回來啊。」海邊用鐵絲綁著，躺著好多人。我們把阿正呼請回家，現在每天早晚都燒香祭拜。

另外一個伙計及一個來買米的年輕男子，也一併掠去，也沒有再回來。伙計叫傳仔，二十出頭，他家族住在南港，無妻無子。來米店買米的少年家，住在獅球嶺附近。

我做人很有度量，別人來敲詐三十萬元，其實也沒關係，只是孩子沒有回來，很不甘心。

找很久，看人家屍體浮在海裏，看人家撈起穿灰色工作服的屍體，一排排堆在車上，淚水一直流，一直哭著回家，無法度啦。

現在生活稍稍安定，且只剩下一個兒子，不想再因爲二二八旁生枝節，危及僅有的這個孩子。也不想讓這個孩子再涉及政治，我們較笨，生活過得去就好，政治的事給有能力的人去做。

簡火木：博愛團被掠走很多人，有外地來的，有單身的，就是冤枉死的也不知道。（宋隆泉攝）

簡火木（生意人，見證者）

受訪者：簡火木、陳瑞
時間：一九九二年十一月二十一日
地點：基隆市簡宅

訪者：李文元、張炎憲、胡慧玲、高淑媛
記錄：高淑媛

兵仔進來後，先看到火木，叫火木不要跑。火木那時在家裏，病懨懨的，一餐吃不到兩湯匙，又犯菸癮，很想抽菸，可是又不敢出去買菸，窩在家裏用一個鐵罐生火取暖。兵仔看到他，叫他不要跑，要掠他，他就乖乖的站著，準備跟兵仔走。說實在的，當時火木病得四肢無力，要跑也跑不動。

兵仔也看到架在半樓的梯子，就要爬上去看看半樓有沒有藏人。兵仔已經踩上二、三級梯子，探頭往半樓裏面看。我很緊張，很怕我外甥被發現。幸好兵仔也怕火木跑走，沒有上去，只站在樓梯口隨便看看之後，就把火木帶走了，沒有發現我外甥。

一、陳瑞

蘇仁正是我外甥。他們家住在我家斜對面，我看到他被憲兵掠去。記得那天晚上，差不多是五、六點鐘，天都快暗了，一部車子駛來，下來好幾個阿兵哥，進去他家，接著他就被掠到車上帶走了。記得仁正長得胖胖的，那時是十九歲的高中生，在那個時代能唸到高中就很了不起，二二八發生後，他都在家裏，沒去上學。至於他有沒有在外面參與活動，我們不清楚。我們是生意人，要做生意，沒有去管那麼多事情。

仁正被掠時，仁傑才十四歲，在一旁哭得很大聲，梨香好像也被掠到車上，後來又放下來。掠人是哪一天，已經記不得了，經過太久了。

仁正被掠走之後，就一直沒有回來。

我先生火木也被掠了二次，幸好都回來。火木重聽，日本時代跑空襲，被炸彈炸聾的。太平以後，我們搬回基隆博愛團，生活很困苦，火木又生病，忘了生什麼病，反正常常在家休息，沒去賣米。那時候火木在博愛團對面走廊下、仁正他家開的米店賣米，我在家裏二樓幫人家做衣服。

因為火木生病，孩子又小，當年火木才二十七歲，我二十六歲，孩子好幾個，都還很小，生活相當拮据，家裏除了一架縫紉機，幾張椅子外，沒有其他值錢的東西。

陳瑞：當時我女兒才剛會扶著牆壁學走路，看到兵仔也會把手舉起來。（宋隆泉攝）

二二八事件發生後，在三月十幾號，火木一共被掠了三次；捉去司令部一次，捉去陸軍部一次。又被放回來。

一次是兵仔來抄博愛團。可能是要找人，進來家裏面搜。那天元ちソん的哥哥（也是我外甥）正好在我家，我趕快把他藏在半樓上。

那時的人實在憨直，我把外甥藏在半樓上，也不會把梯子拿走，梯子還架在半樓的入口那裏。

兵仔進來後，先看到火木，叫火木不要跑。火木那時在家裏，病懨懨的，一餐吃不到兩湯匙，又犯菸癮，很想抽菸，可是又不敢出去買菸，窩在家裏用一個鐵罐生火取暖。兵仔看到他，叫他不要跑，要掠他，他就乖乖的站著，準備跟兵仔走。說實在的，當時火木病得四肢無力，要跑也跑不動。

兵仔也看到架在半樓的梯子，就要爬上去看看半樓有沒有藏人。兵仔已經踩上二、三級梯子，探頭往半樓裏面看。我很緊張，很怕我外甥被發現。幸好兵仔也怕火木跑走，沒有上去，只站在樓梯口隨便看看之後，就把火木帶走了，沒有發現我外甥。

火木被帶走，帶去和平島司令部。我一方面想，還好，只掠走火木，外甥沒被掠走；一方面也擔心火木被掠走後的遭遇，整夜睡不著覺。幸好第二天早上，火木就回來了。

我外甥躲在半樓上，也嚇得要死，嚇得那幾天都吃不下飯，餓得不成樣子。

另一次被叫去時，火木在賣米，拿一包米放在博愛團走廊下賣，一斤賣十五、十六元。大約中午時分，兵仔車「轟──」一聲過來，叫一大羣人跪在馬路上，火木也被叫去跪在馬路上。這一次沒有掠走，跪在馬路上，兵仔問話，他向兵仔說他在賣米，就沒事爬起來。

還有一次他也是在走廊下賣米，車子也是「轟──」的一聲就來了，車子來時，沿路叫人，不是叫他一個，在路上走的人都被叫走，過路的人也掠，女的不掠。叫一大羣人在馬路上跪，車來就全部被載走了，載到陸軍部。

當時載走多少人，我不知道。火木被載走後，我一直煩惱他是不是會死，煩惱得不得了。隔天九點多，他就回來了。他說，他向那些兵仔說他是生意人，在賣米，就被放回來了。

至於其他被掠走的人是不是都被放回來，我就不知道了。

當時我也很害怕，躲在家裏偷看，不敢出來街上到處亂跑。那幾天路上沒有什麼人在走。是不是有人被打死，我沒看到，也不敢去看。

記得那幾天，出門看到兵仔都要把雙手舉起來。當時我女兒才剛會扶著牆壁學著走路，看到兵仔也會把手舉起來。

說起那個時候，實在是……

二、簡火木

第一次被掠去時，掠到司令部。被掠的人都關在一起，人很多，有上百個，都沒有我認識的。大陸來的兵仔說北京話，我那時候聽不懂，耳朵也重聽，不大聽得見。裏面有一個當軍官的，大概曾經向我買過米，還認得我，我不認得他，但他向兵仔說：「他是賣米的，是一個生意人。」所以沒有事，隔天早上就放我回去。

放我回去的時候，兵仔交代要走大馬路，不可以走走廊，看到兵仔雙手要舉起來。

我被放後，就沿著大馬路慢慢走回來，遠遠看到人影，就馬上把雙手舉起來，舉得高高的。有時候眞的遇到兵仔，他們在我身上搜一搜，空空的沒有什麼東西，兵仔就走了。

第二次只在馬路上問一問，沒被掠去。

第三次被掠到陸軍部，裏面也有一些被掠的人，我全都不認識。有位曾來買米的軍官說：「這個是生意人，賣米的。」就放我回來，也沒有怎樣，沒有被打。

被捉的有時十幾個，有時二十幾個。有的人看到他們就跑了，還站著讓他們捉！兵仔都拿著槍，在街道兩邊護著，看到多少人就捉多少人，整條街兵仔都要抓淸。

只掠男的，兵仔不掠女的。

從司令部走回來，聽人說元町派出所後面有死人，我沒過去看。我是小生意人，如果米賣得出去，我有錢買菜給妻子兒女吃，可以顧生活就好了，這陣子也不敢出去，社會上人心百百種，我只想安安分分過日子，所以外面的事我很少理。

我們搬離開博愛團已經二十幾年了，在博愛團還沒拆除之前就搬走了。博愛團是政府造的房子，房租較爲便宜，一個月沒有幾元。我在日本時代就住在那裏，也算是基隆人。聽人說博愛有一、兩百戶。每間一房一廳，一家人都擠在一起。大部分都是生意人。住在博愛團的人，大家都是窮苦人家，沒有什麼可以搜的。兵仔進房子看一下，就出去了。當時我忙著工作，沒閒情留意別戶人家的動靜。

博愛團被掠走很多人，後來有沒有回來，我也不知道。捉到就押進去了，出來用手推車運出來，四周兵圍著，是什麼也不知道。有外地來的，有單身的，就是冤枉死的也不知道。當時顧自己比較要緊，哪裏管這麼多。

謝錦文：我四十五歲以前常常做夢，夢見父親沒事回來了，非常高興，就醒過來，醒來後，發現是夢，很傷心。（宋隆泉攝）

謝福清（基隆菜市場豬肉販，死難者）

受訪者：謝錦文（謝福清之長子）
時間：一九九三年三月六日
地點：中央研究院社科所

訪者：簡定春、張炎憲、胡慧玲
記錄：胡慧玲

三月十八日，有人來報說，淺水碼頭那邊有屍體浮上來。祖父帶我去找，屍體堆裏沒有找到我父親。剛好看到有人拉著板車經過，堆了一車都是屍體。祖父趕緊趨前拜託，求車伕停下車給我們看。板車上屍體橫陳，交錯放置，血水四流，我們就在板車上找到父親的屍體。

父親雙手反綁背後，可能是在海裏浸泡太久，屍體很腫，肚子漲起來，漲得很厲害，棺材根本裝不下，棺蓋也蓋不下。我們站在屍體上，踩著父親的腹部，一直踩一直踩，才把屍體擠進去棺材。

我是謝錦文，今年五十六歲，祖父和父親都是在基隆菜市場殺豬賣豬肉的小販。父親名叫謝福清，生於一九一五年，死於二二八事件，死時才三十三歲。

二二八事件後的某一天，我不確定是哪一天，父親回來，他在公園頂菜市場——現在孝一路孝二路，用竹片，兩片兩片靠著，搭成的竹屋那裏，賣豬肉做生意。那天，街道全是機關槍聲，整夜不停。父親從市場回來，說豬肉還剩一些，沒賣完。第二天他說要再去賣。結果，一去就沒有回來。

後來我們聽說，那天父親去市場賣豬肉時，有一個外省人帶著憲兵來，說他頭上的傷是我父親打的。叫我父親去。市場離我家有三公里路，鄰居走路來家裏通報。我家只有祖父母、母親，和弟弟。我弟弟因爲小時候得痲疹，成了啞巴，沒唸書，不識字。祖父年紀大了，也立刻出去找，從此家裏就亂糟糟的。祖父母和母親每天分幾路去找。先是找人，能夠找的地方，都去找了，沒有任何音訊。後來不得不就開始找屍體了。找了許多屍體，到後來，只顧看是不是父親，一看不是，就略過去了。

之前我們小孩只聽大人說發生了什麼事，不准出門。想必那就是二二八事件。父親死後，槍聲又持續了幾天，轟轟轟的槍聲中，我還記得祖母把我們壓在棉被裏，或桌子下，大家都很害怕。出門時，大人小孩雙手要高舉，做投降狀。

三月十八日，有人來報說，淺水碼頭那邊有屍體浮上來。祖父帶我去找，屍體堆裏沒有找到我父親。剛好看到有人拉著板車經過，堆了一車都是屍體。港口的浮屍，撈起後，放於岸壁上，如果幾天還沒有人來認，就叫板車拖去埋。祖父趕緊趨前拜託，求車伕停下車給我們看。板車上屍體橫陳，交錯放置，血水四流，我們就在板車上找到父親的屍體。父親穿著平常常穿的日本軍人的衣服，因爲那種衣服比較厚，工作時比較粗勇耐磨。另外，空襲時，有許多人長疔，瘢痂很大，我們也是認瘢痂，才確認是父親的屍體。

雖然我們找到父親的屍體，但是他們不讓我們領，說要到南榮路公墓那裏，辦完手續，才能領屍。我們跟在板車後面，一路走到公墓。南榮公墓地上挖著一個大洞，沒人認的屍體，統統扔到大洞裏。那時我們心情很亂，也沒有注意其他人，或其他事。

父親的屍體，雙手反綁背後，可能是在海裏浸泡太久，屍體很腫，肚子漲起來，漲得很厲害，棺材根本裝不下，棺蓋也蓋不下。我們站在屍體上，踩著父親的腹部，一直踩一直踩，才把屍體擠進去棺材。

埋了父親的屍體以後，政府對我們始終不理不睬。原本我在信義國小讀三年級，從那天起，就不能上學了。父親如此死去，我們在學校，好像也抬不起頭來。如何死的，都不敢講。其實左鄰右舍大家都知道。

三年級離開學校後，我在「山水店」做童工學畫畫，又去煤礦做工。十六歲就扶養祖父母、扶養弟弟，沒有自己的房子，前後搬了幾十次的家。先做卡車的捆工，當兵後，從一九六一年起，開計程車開了二十八年。父親死後，我的人生，幾乎都是爲了賺錢，根本不知道什麼叫娛樂。

以前都不敢講「二二八」這三個字，敢講這三個字，還是最近的事。應該是自卑感在作祟吧，學

沒人認領的屍體，堆滿板車，一車車運往南榮公墓。公墓地上挖著一個大洞，屍體統統扔到大洞裏。（宋隆泉攝）

校老師是外省人，瞧不起我，我也就不愛讀書，他們講的話，我也聽不懂，所以三年級就失學。母親忙著養祖父母和兩個兒子，忙做生意，沒時間管我們。四十幾年前，要養一家四口，很不簡單，她一輩子很辛苦。我小時候還有朋友，長大以後都沒有朋友，平常連走路都不敢抬頭。眞的。父親不明不白死去，我又不敢講他是死於二二八。一講到二二八，好像就犯了什麼大罪，犯了什麼法。人家問我，你父親怎麼死的，我都不敢講。

母親沒有再嫁，一直拖到我們長大，生前沒幾年好命。天一亮，茶米油鹽就煩惱不完，我看不出來她如何想父親。母親拚得像個男人，不讓我們不如別人，她從來不曾埋怨過我們是她的負擔。她也去問過神明，牽亡、通靈，「觀三姑」帶去陰間地府看故人，想知道父親死後的情況好不好，彼此交代事情。母親常常去，這方面花的時間和金錢很多。

父親是獨子，祖父活到七十幾，祖母活到八十歲才去世。祖父每每一提到父親，就哭。剛開始時，大家也是一講到父親就哭。在淚水的環境中長大，我因之比較早熟。年少時，我曾立誓，如果我有本事開大工廠，絕不用外省人。但是我不反對子女嫁娶外省人，他們是他們，恨外省人是我自己的事。我自小生活困難，因此對小孩很好。

一直要到有民進黨後，我才敢講二二八。選舉時我還義務上臺當助選員。政府這樣對待我，我可以原諒，但不可能忘記。

二二八抗議遊行時，我偷偷開車去。做生意的人，怕，怕國民黨給我「點油做記號」。上一代已經有事，就怕下一代又有事。我去參加抗議遊行的時候，車子停在遠處，我再走過去，從來不敢直接到現場。兩年前才大大方方去，連鞭炮都敢放。

我兒子略略知道祖父死於二二八，但對二二八很模糊。他以前認為我很偏激，因為他覺得政府樣樣都對，百姓不能批評政府。我說政府像土匪，沒事把我父親抓去槍斃。現在子女進入社會，自己有所見有所聞，已經不會這樣了。一家六口都是民進黨的票，還會幫忙活動拉票。

我認為政府應該對二二八事負責任，一定要道歉和賠償。但是叫誰道歉呢？總不能叫臺灣人李登輝道歉。二二八平反，發展至今，也有他的功勞。

應是外省人國民黨來道歉。當時他們就是針對臺灣人而屠殺的。賠償一定要。無緣無故把人抓去殺，害我們家破人亡。如何賠償，他們必須自己計算。紀念碑當然要立，我們必須讓子子孫孫知道父祖的事。

我在四十五歲以前常常做夢，夢見父親沒事回來了，非常高興，就醒過來，醒來後，發現是夢，很傷心。沒父親的痛苦，別人恐怕很難理解。白天看報紙，說有人的父親從前去當日本兵，隔了三、四十年，回來了。這種事也會影響我。想想，晚上又做夢了，夢見父親。現在自己的孩子大了，近幾年來比較不做夢了。現在想的是下一代的事。

二二八受難家屬，我有去公所登記，但是被刁難。公所的人說要死亡證明，我說，當初找到屍體時，嚇得連衣服都沒有脫下來檢查，怎會想到要什麼死亡證明呢？

郭健二：大哥至今恨外省人，姑姑一聽到二二八就很害怕，叔叔提到二二八，就說阿山很可惡，說父親沒做什麼壞事。（宋隆泉攝）

郭守義（基隆名醫，死難者）

受訪者：郭健二（郭守義次子）夫婦
時間：一九九三年七月二十八日
地點：基隆市郭宅

訪者：張炎憲、胡慧玲
記錄：胡慧玲

最近母親寫信來告訴我當年的詳情。信的大意是說：那天晚上，大約八點鐘，有人來敲門，說是病人，要求診。打開門，結果是五、六個軍人。他們什麼話都沒說，就把父親抓去基隆警察廳。他們原本說關十天即可，後來又帶去要塞司令部。父親的屍體領回來時，衣服口袋裏有兩封信。信是父親在牢裏寫的，偷偷拜託阿兵哥送到家裏來。但是一直沒機會送出來。結果和屍體一起找到，成了一封遺書。媽媽說，雖然和你父親離開四十幾年，至今沒有一時沒想到你父親的事。

父親口袋裏的信，經過四十幾年，已經快爛了，母親一直捨不得丟。現在我把這封遺書裱起來。

我是郭健二，基隆名醫郭守義是我的父親。我家算是醫生世家，祖父郭太平、伯父和父親都是醫生。二二八事件中，父親的死難，基隆老一輩的人，幾乎是人盡皆知。事件當時我才四、五歲，父親之被抓被殺，純粹是國軍擄人勒索未遂。

我家的醫院，樓下是診所，樓上是住家。祖父和父親是內科和小兒科，大伯是外科。祖父原是板橋江子翠人，有五個兒子，其中四個到日本讀書，三個都畢業，小姑讀藥劑，小叔在臺灣讀書。祖父郭太平在基隆一帶很出名，地方上有什麼事，大都要來找他。

祖父就讀日本長崎醫專，向荷蘭教授學西醫。父親則讀東京的昭和醫專，在那裏認識母親而結婚，我母親是日本人。

父親大約是一九四二年以前回臺灣，因爲我們兄弟都是在臺灣出世的。父親先在九份行醫，開了一家醫院，名叫「昭和病院」，搬到基隆後才叫博愛醫院。那幾年，其實父親很辛苦。因爲祖父生病，火車站前的太平醫院又毀於戰火，正待重建。伯父畢業後，留在日本行醫，家裏生活靠父親行醫維持。一九四六年，祖父過世。過了一年，一九四七年三月二十一日，父親也死了。江子翠曾祖父的田產，一直等到很後來，才分財產。母親說她不會好好照顧我，不要，統統給我。

根據我手邊今年的報紙「二二八專輯」如此寫著：

據基隆要塞司令部報告，自三月九日起展開掃蕩綏靖區內之暴匪，先後在基隆市、金包里（今金山）、瑞芳、九份、金瓜石、四腳亭、淡水等地清剿，至十二日止計當場格斃匪徒二十餘人。而綏靖期間逮捕奸暴判處死刑者三人。惟據美國對華白皮書，三月十三日有學生二百名被處死；十四、十五日有多具屍體飄浮基隆港內，估計約有三百人慘遭虐殺。另據臺灣旅京滬七團體報告指出，三月八～十六日，基隆遭屠殺者約二千餘人，經函請基隆市政府協助作死亡登記，至目前僅得三七人；據本研究初步調查訪問，另得三四人，計七一人。考其死亡原因概多不詳，或係遭誤殺，僅郭守義、林詿宜、陳雨田三人係經基隆要塞司令部判死刑而槍決者。惟據調查，上述三人被指控之罪名與家屬之陳述頗有出入，郭守義之罪名為「主謀集會，煽動暴動，組織青年同盟及決死隊，意圖搶劫倉庫，占領砲臺，接收政府，私藏炸藥百餘箱，企圖炸燬港務局碼頭倉庫及車站，阻我國軍登陸。」惟據郭氏託人帶給家人的求救信顯示，郭氏為醫師，身為地方菁英與青年領導人，乃於參與羣衆大會時發表言論，因而惹禍上身。原來軍法官知悉郭家兩代均為開業醫師，家境富裕，乘機勒索金錢。因郭家未及時將贖金送上，郭氏遂遭槍斃……

父親被中國兵捉後，我們有個親戚，現在八十好幾了，當時拿了三萬元要去贖我父親，找不到門路，錢也被騙了。他說，那時候，基隆情況亂糟糟，知識分子統統被捉，中國兵單純是找痲煩，才說我父親造反，煽動暴民。父親的屍體搬回來時，衣服鞋子都被剝光了。口袋裏有兩封父親寫給媽媽的

基隆名醫郭守義。
（郭健二提供，宋隆泉翻攝）

信，信中交代媽媽，趕快拿錢去保他出來。

那時我們沒有找到門路，忽而聽說父親關在這裏，忽而聽說關在那裏，我們拿錢要去贖，卻不知道人關在哪裏，找不到。否則鈔票送過去，父親有可能不會死。那時的中國兵素質很差，來家裏好幾趟，說要多少多少錢，可以換人回來。

父親被國軍抓了以後，兩個叔叔也跑了，怕被抓。一個跑到南港山上，一個跑去板橋鄉下。

父親在時，我們生活算是優渥，家裏有煮飯的、帶小孩的佣人。父親死後，只剩母親一人，帶著我們四個小孩，日子困難。幾年後，一九五五年，母親回去日本投靠外婆。外婆家在秋田，還有田產和蘋果園，生活沒問題。母親是助產士，回日本醫院上班。母親帶著哥哥秀雄、弟弟勇三和妹妹雪江去日本，只剩我一人留在臺灣。母親原本想帶兩個小孩回日本，留大哥和我在臺灣，但是大哥堅持要跟著去。母親回日本後，我和叔叔住，每年去一趟秋田，在外婆家團圓。

母親要離開臺灣時，我已考上基隆中學。叔叔說，沒問題，你父親也是基隆中學，可以放心。但是後來我調皮搗蛋，不愛讀書，這點和父親不一樣。幸好沒當壞小孩，還算不錯。現在我的兄弟都歸化日本，隨母親的姓石山。日治時代，父親的日本名就是石山守義。

最近母親寫信來告訴我二二八當年的詳情。

媽媽的信，大意是說：那天晚上，大約八點鐘，有人來敲門，說是病人，要求診。打開門，結果是五、六個軍人。他們什麼話都沒說，就把父親抓去基隆警察廳。他們原本說關十天即可，後來又帶去要塞司令部。父親的屍體領回來時，衣服口袋裏有兩封信。信是父親在牢裏寫的，偷偷拜託阿兵哥送到家裏來。但是一直沒機會送出來。等到我們看到信時，信已成了遺書。媽媽在給我信中說，雖然和你父親離開四十幾年，至今沒有一時沒想到你父親的事。

父親口袋裏的信，經過四十幾年，已經快爛了，母親一直捨不得丟。現在我把這封遺書裱起來。父親口袋中的信是這麼寫的：

基隆市雙葉町九六（電力公司旁）

博愛醫院內

賢弟、愛妻：

小生因多嘴惹來禍患。依據法官的話，是項大罪。但因考慮我們是個大家族，大概可免去死刑。只要有適當的保證人，就可馬上釋放。賢弟，無論如何請左列的人當保證人。

一、基隆醫師公會會長　蔡星穀先生

一、基隆專賣局長

一、臺北警備司令部　胡汝森中校參謀

宿舍在大正町一條通或二條通

向司令部查詢，無論如何請他出面

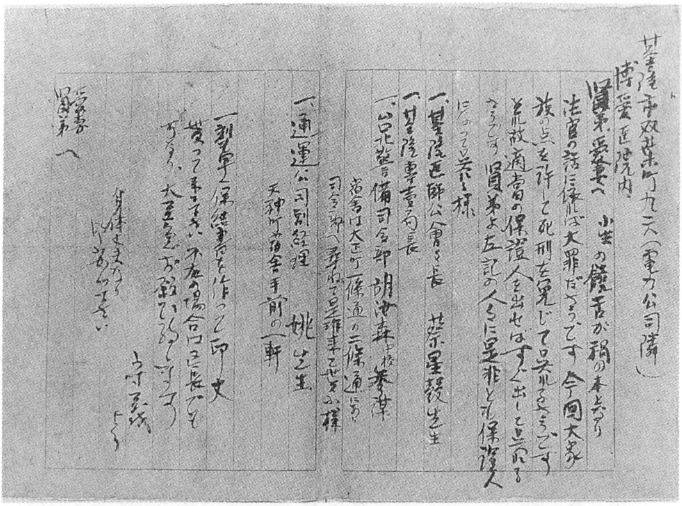

基隆市双葉町九二八（電力公司隣）
博愛医院内
賢弟、愛妻へ
小生の饒舌が禍の本となり法官の話に依れば大罪だそうです 今回大家族の点を許して死刑を免じて呉れるそうです
それ故適當の保證人を出せばすぐ出して呉れるそうです 賢弟よ左記の人々に是非とも保證人になって呉れる様
一、基隆医師公會々長 蔡星毅先生
一、基隆專賣局長
一、台北警備司令部 胡浴森中校 参謀
宿舎は大正町一條通の二條通にあり 司令部へ尋ねて是非来て貰ふ様
一、通運公司副經理 姚先生
天神町女宿舎手前の一軒
一、副軍の保證書を作って印を貰って来て下さい 不在の場合は区長でもすぐ大至急お願いします
守義
身体丈夫だから心配しないで下さい
愛妻
賢弟へ

郭守義在牢中所寫的兩封求救信，沒能送出來，卻和屍體一起發現，成了給家人的遺書。（郭健二提供，宋隆泉翻攝）

一、通運公司副經理　姚先生

天神町宿舍前的房子

趕快寫好保證書蓋章拿來。如果人不在，請區長做保也可以，火速急辦。

身體不壞，請安心

守義

給最愛的妻子：家中一切安好吧！

三天前的信收到了沒有？得到法官的允許，只要三位保證人蓋章的保證書，就可以保釋出獄。帶隔鄰的醫生、區長、隔壁的郭先生、聖安、中和、賴博士、里長等三至四名的保證書，和該士兵一起來軍營，我就可釋放了。

我的身體狀況可以，但覺得寒冷。

左列的事項請留意：

一、保證書的格式，代書都有。（現成印好的保證書）

二、阿娥、ちか子、崇智、或牙醫生等人中來二、三人。

三、乘坐人力車，來要塞司令部。（海水浴場後面）

四、和士兵一起來最好。

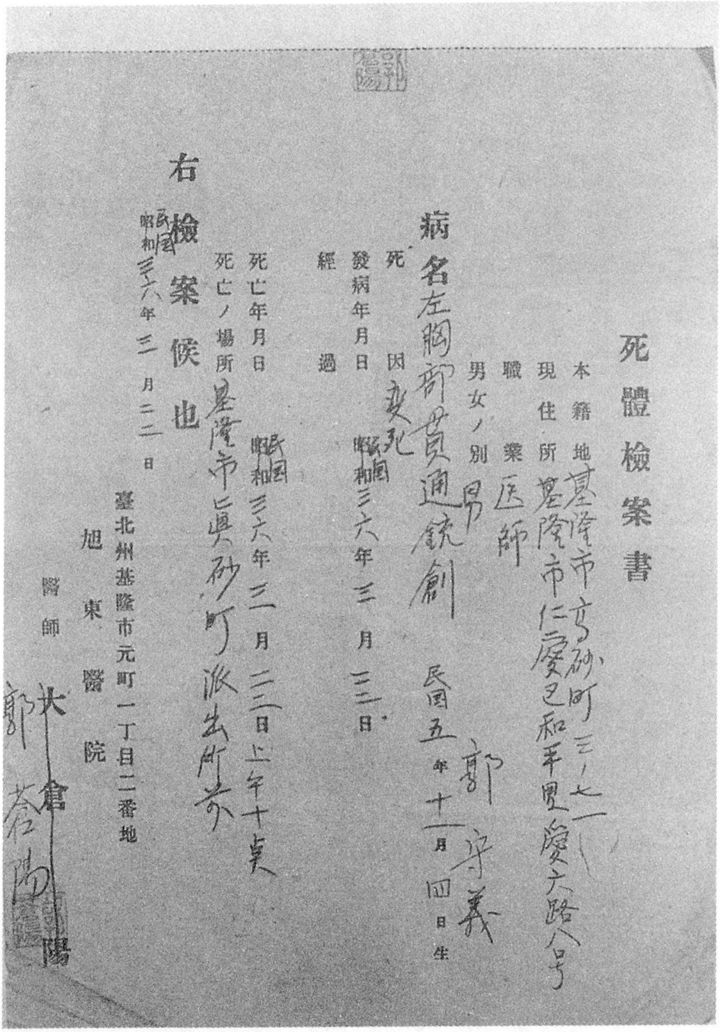

死體檢案書

本籍地　基隆市高砂町三ノ七一

現住所　基隆市仁愛區和平里愛六路八號

職業　医師

男女ノ別　男　郭守義　民国五年十一月四日生

病名　左胸部貫通銃創

死因　変死

發病年月日　民国三六年三月二三日

經過

死亡年月日　民国三六年三月二三日上午十点

死亡ノ場所　基隆市眞砂町派出所前

右檢案候也

民国三六年三月二二日

臺北州基隆市元町一丁目二番地

旭東醫院

醫師　大倉　郭蒼陽

郭守義的死亡證明書，「左胸貫通銃創」，這句日式中文說明了他的慘死。（郭健二提供，宋隆泉翻攝）

五、在入口處，表明應法官之傳喚而來，請准予進入。
六、如果無法進入兵營，拜託士兵去請軍官室的陳先生幫忙。
七、寫一張紙，請這位兵仔帶到我這裏。
今天是星期六，請中午前來。

廿一日夜　　守義

父親是一九一二年生，死時三十五歲。他的「屍體檢案書」是旭東醫院郭蒼陽醫師寫的，上面記載著：「三月二十二日，左胸貫通銃創。」

中學畢業後，我一直做報關行的工作。從讀書開始，外省老師會歧視我們。大哥至今恨外省人，姑姑很膽小，一聽到二二八就很害怕。叔叔五十幾歲死於肺癌，提到二二八，就說阿山很可惡，說父親沒做什麼壞事。

二二八的賠償，若以五百萬元來計算，我父親從三十歲開業至六十歲，三十年難道只賺五百萬元？何況還有精神折磨和煎熬，這些統統都無法估算和賠償。

但話又說回來，人也死了那麼久，苦也苦過了，領越多越好。人都死了，錢最好。

陳款：我偷偷躲在門縫看，看到士兵拿槍朝他開了兩門，他一頭栽下芭樂叢中，兩條腿一抖一抖的……（宋隆泉攝）

陳天賜（工人，死難者）

受訪者：陳款（陳天賜之妹）
時間：一九九二年十一月一日
地點：基隆市陳宅

訪者：張炎憲、高淑媛、胡慧玲
記錄：胡慧玲

二二八之前，父親把家裏的老房子拆掉，正要重建。房子才拆掉，堆了滿地的水泥、磚塊和木材。沒想到大哥卻被捉走，父親急著找他，工作也不去做了，房子也不蓋了，把水泥、磚塊一次又一次擔去賣給巷子口的漢藥店，換錢出門去找大哥。我們沒房子住，就暫租隔壁的房子住。後來他們說他們自己不夠住，我們只好搬回拆空的房子，拿木板斜斜靠著牆，遮遮風雨，又用磚頭在門外砌個灶，在那裏煮飯。那時候的生活很淒慘，很苦。

我是陳款，二二八事件中死去的是我的大哥陳天賜。那年我十七歲，大哥大我七、八歲，所以那時他應該是二十五歲左右。

大哥原本做礦工，大部分時候做臨時工，戰後賣雜物做生意。事情的原委我不是很清楚，只知道二二八那天晚上，大哥出門後，再也沒有回來。事後父親曾經到臺灣南北各地去找，來龍去脈他最清楚，但是父親過世已經幾十年了。

聽說大哥是被基隆市警察局長郭昭文、黃有安（音譯）他們捉去的。出事那天晚上，他和幾個朋友去吃「換帖會」，吃完後，他又和賴水泉、阿和（音譯）去公園頂——現在遠東戲院後面那邊，戽斗嬸開的那家「查某間」，三個人叫查某過夜。

然後，聽說就是郭昭文和黃有安他們叫警察去包圍，把我大哥他們三個人都捉走了，從此再也沒有回來。

父親那時候做「配達」——運送的工作，下港的菜車一到基隆，他用板車把貨搬運到菜市場去。聽說大哥被捉走，他工作也不做了，四處去找，找得好辛苦。一有人來報說，哪裏哪裏有看到你們陳天賜，父親就去找。那時父親揹著一張毯子，找到哪裏，就睡到哪裏的車站。屏東高雄彰化……，他都去找過。聽說基隆碼頭有很多浮屍，他和母親跑去那裏認屍體，沒認到。我都不敢去看。後來又請潛水伕去外海找，也沒找到，那筆費用是我們和賴水泉、阿和三家人合出的。

風聲比較平靜以後，父親也去警察局找人。聽父親說，他也有寫陳情書去給政府。父母親找大哥

遠東戲院後面的「公園頂」，當年也是冤魂聚集之地。（宋隆泉攝）

找得快發狂，大約一年有吧，有個當公務員的朋友偷偷跑來勸告他，說，不要再追究下去了，再追究下去，恐怕連你自己的命都要不保。

漸漸父親才死心，不再找了。

然後父親就去基隆碼頭做碼頭工，母親則去銀紙店黏銀紙。父親在世的時候，有事沒事就唸說，如果大哥在的話，如果大哥不死的話，我們不會被拖累得這麼慘。父親一講起二二八，一講大哥，就恨「阿山」，聽到「阿山」，就生氣。他也分不清什麼是阿山，什麼是國民黨，什麼是政府。就是恨。他不准我們子孫嫁娶姓黃的，因爲黃有安的關係。他認爲大哥是被黃有安捉去打死的。哎，講歸講，少年人如果相意愛，又怎能阻止。

二二八之前，父親把家裏的老房子拆掉，正要重建。房子才拆掉，堆了滿地的水泥、磚塊和木材。沒想到大哥卻突然失蹤，父親急著找他，工作也不去做了，房子也不蓋了，把水泥、磚塊一次又一次擔去賣給巷子口的漢藥店，換錢出門去找大哥。我們沒房子住，就暫租隔壁的房子住。後來他們說他們自己不夠住，我們只好搬回拆空的房子，拿木板斜斜靠著牆，遮遮風雨，又用磚頭在門外砌個灶，在那裏煮飯。那時候的生活很淒慘，很苦。

那個時代眞太亂了。二二八的時候，我們鄰居住著一對叔姪。有一天，一大羣阿兵哥拿著槍，轟轟轟就跑上我們這個山區，把隔壁那家人團團包圍住。鄰居嚇得都不敢看，趕快把門關起來，我也把門關起來，但偷偷躲在門縫裏偷看。我看到士兵把那個叔叔叫出去，要把他帶走，那個叔叔雙手牢牢扳住巷口的大樹，不肯讓士兵帶走。士兵硬拖他走，他不肯，士兵就拿槍朝他開了兩門，砰砰兩聲，他一頭就栽往旁邊平常大家乘涼的芭樂樹叢，兩條腿懸空對著巷路，一抖一抖的。士兵下去巷子後，沒多久又上來，朝著他又打了一門，轟的一聲，那人就不抖了，完全靜止不動了。很恐怖，很恐怖。媽媽在門後，一直拉我，輕聲叫我不要看。

後來政府有叫我們去報失蹤，或報死亡。怎麼報呢，我大哥好好一個人出去，就沒有回來。這種莫名其妙的事，我怎麼去報。區公所叫我們去法院申請死亡，才能註消戶口。但是我沒去。要弄，政府自己去弄吧。政府認爲他是生是死是失蹤，都隨便政府報，我一律不做。所以現在戶口上，我大哥依然活著，徵兵或什麼的通知單，照樣都寄來。

我祖父也是在基隆做「配達」的工作，日治時代就死了。我這一代就是大哥和弟弟，一女二男。哥哥和我都讀安樂公學校，弟弟小我七、八歲，讀太平國小。弟弟是碼頭工，有一次從船上跌下來，傷到腦部，腦得了病，又愛喝酒，四十幾歲就死了。所以現在我家就剩下我一個人。我先生在深澳做礦工，是入贅，但戶口上我是嫁出去的，所謂的「招入娶出」。我的長子和一個女兒從母姓，其他還是姓我先生的姓。父親後來都做碼頭工，做到五十幾歲過世爲止。二二八那幢他沒蓋成的老房子，一直過了將近四十年，我兒子才把它翻成現在這幢新房子。

謝建發：父親臨死前交代我：「以後如果賺一塊錢，要留兩角起來，回饋社會。」（宋隆泉攝）

陳步錫（里長，死難者）

受訪者：謝建發（陳步錫之子）　　訪者：張炎憲、胡慧玲、高淑媛
楊芳雄、李文元　　記錄：高淑媛
時間：一九九二年十一月二十一日
地點：基隆市謝宅

送信的把憲兵帶進來，憲兵一進門，什麼話都沒說，就開始打人、搜東西。他們把門撬開，天花板全搜遍。我父親人在二樓，被拖下來，拖到樓下，叫我父親跪下，兩個搜索，另外兩個沒帶刀就用槍管撞，一直撞。我站在二樓欄杆，看了這情景一直哭一直哭，我母親也是。說話憲兵也不聽，一直打我父親，還說要在中午十二點之前將槍彈拿出來交，要不然全家要在門口前的庭院上槍殺掉。

一、謝建發

我是謝建發，一九三六年生，現年五十七歲。二二八當年十一歲，國民學校四年級學生。我知道的是一部分，就是當時我的父親冤枉被打的經過情形。

我父親姓陳，叫陳步錫，浙江平陽人。在大陸結婚後，不久就過來臺灣工作。以前在唐山（大陸）生活很苦，來臺灣較好謀生活。後來發生日清戰爭，無法再回去大陸，在臺灣住下來。我父親在大陸的太太，我們也曾去看過他們。在六、七年前，我的大兒子去探望過，當時她已經八十四歲，還健在，三、四年前才過世。我也去過父親的故鄉；其實在情感上也沒有什麼感覺，只因父親、長輩住過而已。

父親來臺灣之後再結婚，是被招贅的；我母親沒有兄弟，我的姓和我父親不同，和我的母親相同。我的大姊、小弟小妹都姓「陳」，而我姓「謝」。就是抽頭一個（男的）姓我母親的姓，叫「抽豬母稅」。

我六歲的時候，我親生的母親就死了；我母親在附近山上，爲了要撿一個雞蛋，從山上摔下來，跌死了，那是太平洋戰爭的時候，山下是日本學校和日本宿舍，我母親被擔架抬走時，我邊走邊哭喊，到現在還留下很深的印象。

戰後，我父親是文安里（現在的崇文里）第一屆的里長；也是國民黨黨員。

二二八事件時，我十一歲，剛好我去臺北後車站，親身經歷過。

記得那天剛好在日本時代的臺灣總督府學辦博覽會，我是現在南榮國小的學生，整班一起去看博覽會，二二八正好是當日發生的。當時情形我還有印象。我們坐火車到後車站，走路去臺灣總督府；當時都用走路，公車很少；在後車站看到一大羣人打羣架，也不知道發生什麼事情；以後才知道發生的事情叫做「二二八事件」。

事情發生之後，我繼續去讀書。

印象中，我們一直住在這裏。當時這附近所有的房屋都是一樓的矮房子，只有我們這一間是二層樓的木造樓房；是我父親自己造的，我父親本來是做建築。

我父親是國民黨黨員，每天早上要在樓頂插一枝旗杆；很長，上面一定要有一面國旗。

二二八事件發生後的某一天早上，差不多是七點多左右，我要去讀書，從日本時代的木造橋過去；我們讀書都是從這個方向走，到宜蘭線和縱貫線分叉的一塊菜園那裏。現在這一帶已經剷平。早上上學，晚上回家都要經過那裏。我看到兩個兵仔拿卡賓槍押著一個人，押到鐵路旁，叫他跪下，兩人用槍尾刺刀向他猛刺，刺到他死掉以後，丢在那裏，這是我親眼看到。當時我看到殺死人很多，這是頭一次看到的。後來聽說鐵路邊被打死的這個人，是從七堵那邊搭公車時被押過來的，是否在公車上發生什麼事，我不知道。兩個兵仔把人殺死之後沿著鐵路，向八堵方向走去，屍體就丢在路邊。

這個被打死的人可能是枉死，他是誰？是什麼身分？到現在也沒有人來認屍或處理。當時，我父親是里長，人死後沒人收埋，就由我父親用木板釘上大釘，抬到公墓去埋。

當時，我們晚上都不敢住樓上。晚上槍彈「咻、咻、咻」一直響，一直往愛三路和山上打。因爲我家的房子較高，怕被槍彈打到，又是木造房屋，所以不敢住在二樓，全住在樓下，用米袋、麵粉袋圍住，區隔開一個空間，火柴，蠟燭都放在裏面，一家人也都睡在裏面。

二二八事件以後，局勢漸漸平靜，有四個憲兵來到我家，也是早上七、八點多的時候，我還未去上學。

後來我聽別人說，這四個憲兵是從天主教堂那邊，沿著鐵路在調查二二八事件當時的槍彈放在哪裏。當時沒有人會聽、會講北京話，兵仔跟人講北京話，也沒有人聽得懂。他們先問一個平時送信的；那天，這個送信的休息，在種菜。他們用北京話問：「你知道這附近機關槍放在哪裏？」他說：「我不知道！我不知道！不然去里長那裏問。」以前有什麼問題，都是來里長伯那裏就對了。

送信的把憲兵帶進來，憲兵一進門，什麼話都沒說，就開始打人、搜東西。那時候我正要去上學，樓下後面有一扇紙門，人在裏面，門鎖住。他們把門撬開，天花板全搜遍。我父親人在二樓，被拖下來，拖到樓下，叫我父親跪下，兩個搜索，另外兩個沒帶刀就用槍管撞，一直撞。當時圍在門口的人眞多。我站在二樓欄杆，看了這情景一直哭一直哭，我繼母也是。我親生母親死了以後，父親又娶了一個繼室。說話憲兵也不聽，一直打我父親。打了以後，還說要在中午十二點之前將槍彈拿出來交，要不然全家要在門前的庭院上槍殺掉。

那時候南榮路派出所（當時一個派出所只有五、六名警察）的警察也過來，三十二鄰的鄰長聞聲也趕來；他們聯合寫保證書，保證里長伯絕對不是那樣的人，不會做出那種事情，也說明我父親是國民黨員，從大陸過來，有護照……等；寫完之後，三十二鄰的鄰長還蓋章，派出所的警察也蓋了章。

當時人好多，整條路都是里民。那時候想跑也跑不掉，他們說什麼我們做什麼；我父親說：「槍彈是絕對沒有的。」他們說要回去查，就走了，可是我父親已經被打成重傷，內傷非常嚴重。

憲兵走了以後，有人拿童尿給父親喝；在二二八時醫生館也沒有什麼名醫，我當時還是孩子，不管是西醫、還是漢藥祕方，都想辦法拿來給父親吃。我們一直等，慢慢地等，外面很多人也一起等，下午一點、二點、三點，憲兵一直都沒再來，可能打人以後，就去調查這件事情。可是一直到今天，都沒有一個交代。

父親被打之後，醫藥罔效，無法下床走動，隔年五月初過世；時年三十二歲。

我父親受傷臥床期間，除了怨嘆怎麼會發生這種事情之外，都沒有說什麼。死了以後，里長換我丈人做，每天早上我家再沒有國旗了。後來文安里人口增多，才分成現在的崇文里和文安里。

我父親就這樣冤枉被打死。那張保證書留很多年，我弟弟也說「我有印象，曾經看過。」在房子重修之前、在我母親死之前都還看到。房子翻新之後，東西搬來搬去，再也找不到了。印象中上面有三個鄰長及警員蓋章，內文大致上寫明我爸爸是浙江平陽人，是國民黨黨員，又當里長，不會做那種事。前一陣子在講到二二八事件時，我才想到，但保證書卻不見了，也不曾再看到了。那張保證書，就是保證我父親沒有私藏槍彈的證明。

國民黨這種作爲實在太過分。我父親身爲現任里長，又是國民黨黨員，又是大陸過來的，會講北京話，有護照、黨證等證件，還是被打死。硬指我父親私藏槍械，不分青紅皂白就把人活活打死，這種作爲我實在無法原諒。

我的看法是可能雙方都聽錯了。憲兵誤以爲郵差說的是「來來來，我知道地方帶你們去」因而才一進門就打。照理說應該慢慢調查是否確有其事再採取行動，但是他們沒有，一進門不分青紅皂白就打。

至於槍械的問題，可能是這樣的。當時文安里也發生本省人打外省人的事，山上那邊聽過槍聲，可能有臺灣人在山上集結。我父親是里長，每天晚上都要出去巡夜，那一陣子我父親每次帶我出去時，常聽到路口站崗的臺灣人在喊「芋仔、芋仔」「番薯仔、番薯仔」。那個期間「芋仔」「番薯仔」很流行。出門時雙手要擧高，去買菜也是一樣。爸爸每次都喊「番薯仔、番薯仔來了。」用臺灣話喊。

我父親死後，家裏生活開始發生問題。那時候我是國校四、五年級學生，只上半天課，我早上上學前先去賣油條，放學回來再出門賣東西，夏天賣枝仔冰，冬天賣「燒炸糕」、「卡加藤」。媽媽和姊姊賣「雜貨仔」，就是在路邊擺攤子，賣些化妝品、針線、襪子、毛巾和一些雜貨。那時生活大概都是這樣，很少有很富裕的。當時也負了一些債，怎麼負的債也不知道，我媽媽不認識字，我們都還小，也不懂，聽說被市政府坑了，是不是也不清楚。初中半工半讀，讀光隆夜間部，利用早上送報紙，十三歲就到臺北市圓環幫人家洗碗。十八歲回基隆，先進入位在孝一路一家貿易商，待了六、七年；二十一歲結婚。後來又南下就業，妻子兒女都丟在家裏。丈人反對我拋家棄子，我才回來基隆，在廟口從事餐飲業，賣刈包、四神湯等等。直到去年年底才退休。

去年年底接獅子會會長，事情很多；在廟口賣小吃也很苦，雖然賺錢，但很累，一天只能睡七個小時，還要分兩段睡。早上九點多開始準備；準備好了，小睡一下，到二點多出門做生意，一直做到十二點多才收工，二點多才能睡，很累。也就是這樣辛苦打拚，才能培養二男二女讀書，二個研究所畢業，二個大學畢業，都唸電子資訊方面，現在都住在臺北，週末假日才帶孫子們回來。

大姊在二十一歲那一年，因爲生產，血崩過世。弟弟住樓下，妹妹嫁到南部。

父親臨死前，叫我的偏名「宗正，過來」，交代說：「以後如果賺一塊錢，要留兩角起來，回饋社會。」這句話我永遠記得。送報紙遇到乞丐時，我身邊有錢就多少捐一點。這棟房子六樓是獅子會址，產權是我的，也是無條件奉獻的。原來是當做運動休息場所，設有乒乓桌和撞球臺，讓孩子放假時可以帶朋友回來打打球。現在孩子們都大了，沒有在使用，閒著也是閒著。獅子會在基隆沒有會館，一些東西搬來搬去，沒有地方安頓，就把六樓捐出來當做會館，一個月開會兩次。

我兒子唸大學時，註册完畢去教務處。教官站在那兒，笑笑的說，如果入學要加入國民黨哦。那是距今十多年前的事。我說不要加入國民黨，教官問爲什麼？我說政黨政治應該是擺在檯面上的，把青年黨、民社黨及國民黨黨綱擺在桌面讓孩子看，讓孩子了解後才加入。若只因爲要進入教務處，就叫孩子入黨，沒有道理。那時我很「鐵齒」。所以我幾個小孩，除了老二當兵時考上軍官而入國民黨外，都沒入黨，老二服完兵役後，也沒再和國民黨聯絡。

在二二八事件中，外省人受傷較多，死的沒幾個。臺灣人沒槍，都帶武士刀，外省人單獨走在路上，被教訓一下而已，死的很少。

我最氣的是政府至今死不認錯。就因這樣我心裏的氣一直不能平，如果政府願意認錯，誠心化解，我也不願讓這種怨恨繼續延續下去。

二、楊芳雄

我是楊芳雄，謝建發他說的是確實的，因爲二二八時我們住在附近那條巷子，我父親是博愛里的里長，他父親是文安里的里長，文安里是當時基隆最大的里。

我還記得事情的經過。兵仔問說「哪裏有槍？」兵仔的意思，送信的不知道是聽不懂還是沒看過槍械，才有「不相信的話問里長」的回答，乃帶來找謝父。謝父會說北京話，但一見面就被槍管打。我還記得我父親當時整天躲在棉被裏，連頭都蓋住，蓋得緊緊的，交代我母親和我們這些孩子，有人來找他都說不在家，這個印象還深印在腦海裏。

我父親的說法是憲兵問郵差有沒有槍，郵差說沒有，不信的話找里長證明。以前那個時代，里長

楊芳雄：二二八當時，臺灣人如果有組織，今天不會是這般情況。（宋隆泉攝）

講話算數。可能兵仔聽不懂，只聽懂「里長」，將「槍械——里長」連在一起，才一頭撞進來，不分青紅皂白就打。

他家本來是這一里中生活最好的，他爸爸一死，就整個垮下來。

大胖生仔聽說當時在廟口一帶開洗澡間。在二二八時被打死。

那時在海邊死很多人，很多家屬雇潛水伕潛水去海底撈屍體。那時的綁法是手反綁，並綁上石頭，整排跪在現在的仁一路那邊，兵仔用腳踹下去。我還是孩子的時候，晚上都不敢從那一帶經過，在晚上那一帶磷光閃閃的，非常可怕。

我聽說那時候兵仔要殺人，都押來鐵路邊，基隆和宜蘭分界的那個地方，都用槍尾刺刀刺殺。被殺的人，一般身上只著一件寬大的內褲，其他衣褲都被剝光。我曾經看過用板車，整車疊著屍體，不知道拖到什麼地方去。死的都是男的，印象最深的是全身只穿一件內褲，衣服都沒穿。

愛三路市場口，博愛團那邊槍聲較多，那一帶都用麵粉袋或地瓜袋堆成沙包，國民黨的軍隊都躲在沙包後面放槍。

臺灣人都是用武士刀，用槍的很少，是後來搶警察局才有槍用。臺灣人也沒組織。還記得我舅舅是「迌迌人」，帶著武士刀去問，如果不會用臺灣話回答，馬上被打。譬如說：住在文安里十三埔的地痞流氓，一羣人拿著武士刀到處找人打，根本沒什麼組織。

二二八事件當時，臺灣人沒什麼組織；如果有組織，今天也不是這般情況，早就改變了。

三、李文元

李文元（宋隆泉攝）

我是李文元。二二八當時參謀長柯遠芬，現在人在美國，我感覺他們很可惡。他們出賣臺灣人，當時死在他們手裏的臺灣人很多，我在中研院看到很多文件，都是陳儀在事後補簽，柯遠芬簽三月初四，陳儀簽三月初五。

柯遠芬這個人我一九五八年參加金門戰鬥營時，曾經看過。當時他是金防部副司令官，個子小小的，皮膚黝黑，常穿一雙長統的皮鞋，說話輕聲細語。他好像一直跟著胡璉；胡璉到越南做大使，他也到越南；後來到美國去了。臺灣人很多人臭罵他。

林寶惜：我婆婆去報死亡時，只能報是「因病死亡」。（宋隆泉攝）

許登瑞（造船公司職員，死難者）

受訪者：林寶惜（許登瑞之妻）
郭鍾美
許登瑞兒子、女兒
時間：一九九三年五月十六日
地點：暖暖許宅

訪者：張炎憲、高淑媛
記錄：高淑媛

三月十一日，一羣人用繩子綁著手和下腰，從仁愛國校牽過來，他從仁愛國校被牽來南榮路派出所前時，已經被打得軟趴趴的。我要上前看時，警察把我拖開，孩子們還很小，也不能上前。他有看到我，把頭左右搖一搖，很無奈的表情，沒說半句話。警察從他背後開槍，開兩槍；他中槍伏倒在地後，頭又抬起來，看我最後一眼，就斷氣了。

一、郭鍾美女士

陳太太有一陣子在我們家幫忙。她很肯做事，早上來的時候，頭低低的，一到家裏馬上埋首做事，晚上又去大世界戲院打掃。她常說我命好。有一次，我看到她偷偷在拭淚，忍不住問她，爲什麼這麼辛苦，她才告訴我，她先生在二二八的時候被殺。

二、林寶惜

那天許登瑞說要去上班，我叫他不要出去，大家都跑去躲了。他不聽，帶著便當就出去了。出門大約半個鐘頭，在路上就被掠走了。人家來跟我說，我不信，去會社問，說沒有來上班。

他的名字是「登瑞」，土名叫「阿財」，一九一三年生，瀧川公學校畢業，當時三十五歲；人家告密，說一個叫「阿財」的有參加二二八，警察先到里長家問，里長告訴他們說，「財仔」住在這裏，也到我們家裏來搜了幾次，沒有搜到人，家裏的人告訴他們說去做事了，他們在半路上看到登瑞，要捉他，他雙手舉高高的，被捉走了。

登瑞在路上被捉走後，我一直找他，沒有找到，左鄰右舍也幫忙找，找不到。兩、三天後才聽說很多人被抓去仁愛國校，我們趕去要會一面，也見不到。登瑞在仁愛國校，可能被打，也可能沒有吃東西，幾天後帶到南榮路派出所前要槍斃時，已經軟趴趴了。

南榮派出所前，大約十個人跪成一排，許登瑞是其中一人，手綁背後，在親人面前，警察用三零五步槍，當場槍決。(宋隆泉攝)

他是在南榮派出所前被槍斃的。和他同時槍斃的大概十個人左右，跪成一排，手綁在背後，面向派出所，派出所的警察用三零五步槍「碰、碰、碰」打，登瑞右胸被打兩個洞。他被槍斃時所穿的那件藍色羊毛衣，我也捨不得丟掉，洗乾淨後，把右胸的洞補一補，給我兒子穿，我兒子還有印象。

那時他在和平島「るん會社」船塢，以前臺灣造船公司，現在改為中國造船公司，他在電器部工作，我叫他不要去上班，他說他每天都有上班，沒有關係，走在路上手要舉高高的，表示沒有帶武器。他體格健壯，人家都叫他「鐵人財」，表示他的勇猛。我們家附近三坑仔也有一個人叫「財仔」，可能是誤捉。當時很多人都是這樣寃枉死的，就像登瑞，在事情發生後，很「鐵齒」，一直自認自己天天去上班，不會有什麼事。眞正參與事件的人，沒有正職在身的，早就跑去廢礦坑躲起來了，反而平安無事，受害的都是他們這些清白的老實人。當時我們住在南榮路派出所對面，可能早就有人跟蹤，他也沒有提防，所以一出門就被捉走了。

他們會半路捉走財仔，是說他火燒派出所的物品，把派出所內的電話、桌椅都翻倒燒掉。記得有天晚上，三坑仔鐵工廠的工人和一大羣氓迌人做壞事，把派出所裏的桌子、椅子、簿子、電話等都搬出來燒掉，窗戶也砸掉。南榮路派出所在我家對面，從我家可以看見火光，他下班回來時，看到在路口麵攤邊聚了一大羣人，他罵那些做壞事的孩子們，叫他們有本事去對付活人，搬這些死的東西出來焚燒洩憤，沒有道理。回到家裏，還很生氣，把我叫起來，說人家在燒派出所，燒得火光沖天，你怎麼還睡得著。後來又氣呼呼的說，這些燒派出所的人沒意沒思，把派出所的東西燒掉，以後要買，還不是要這一帶的人出錢。他沒參與，反而干譙那些燒東西的人。兩三天後，他就被捉了。

後來我聽人家說，那些被罵的人不甘願，「打一支給伊到」，向公家報告他有參與事件。

舊曆二月十九（新曆三月十一日），一羣人用繩子綁著手和下腰，從仁愛國校被牽來南榮路派出所前時，已經被打得軟趴趴的。我要上前看時，警察不讓我靠近，把我拖開，孩子們還很小，也不能上前。他有看到我，把頭左右搖一搖，很無奈的表情，沒說半句話。警察從他背後開槍，開兩槍；他中槍伏倒在地後，頭又抬起來，看我最後一眼，就斷氣了。

我先生被害時，我兒子有去現場，被害後搬屍體回家裏，他的兄弟也都來了，幫我們處理後事，那時很多人都不敢來，但畢竟是自己兄弟，總要來幫忙。

後來，我們去報死亡；報的時候，說是因病死亡；是他的媽媽去報的。

登瑞死後，我婆婆一直勸我再嫁。她們家窮，她說，現在我活著，可以幫忙看孩子，我死後，誰會幫妳。小叔們成家之後，要養自己的家，也顧不了妳。這兩個孩子很乖，我沒有再嫁，咬牙撫養他們長大。戰後初期，本來生活就不好，買不到東西，不久二二八發生，我先生又被殺死，女人家沒法謀生，只能幫人家洗衣服，煮三餐。早上，先準備好孩子們的早餐，然後去電臺煮飯，擦桌子、椅子，洗衣服，晚上回家準備孩子們的晚餐，管教一下孩子，然後去大世界戲院，清理桌子、椅子，擦窗戶、倒垃圾，做完回家之後要洗衣服，準備孩子們的便當。一個人要當女人也要當男人，那一陣子的苦，說都說不出來。沒錢買菜的時候，鹽巴炒一炒配飯，我女兒後來考上基隆女中，開學之前，要到處借錢才能註册。

有一陣子在四腳亭洗金礦，洗得手破皮流血，腳也破皮流血。鄰居看我日子這麼辛苦，叫我要招夫養子。我婆婆也說我要再嫁，找個人來養這兩個孩子。我說招夫養子還是不可靠，原先招登瑞入門，還不是橫死，靠自己才行。大家不敢再跟我提，說我個性這麼强。其實不是個性强，是怕了。

我前夫姓陳，登瑞是我招進來的丈夫。我前夫在日本時代當憲兵，划龍船，用力過猛受傷吐血，回家不敢說，帶著內傷，傷勢發作後，怎麼治也治不好，不久就死了。那時我兒子才出生不久，還不到一歲，女兒三歲。我公公婆婆本來開店，兒子死後，煩惱過度，生意失敗，沒有能力顧我們母子，建議我招夫養子，才招許登瑞，沒幾年他又橫死。

因爲年輕時操勞過度，現在帶一身毛病出來，醫生們都說是少年時太累，才會有這一身毛病。你們現在把我的話記錄下來，我們會不會再受到傷害？我心裏很擔憂。

許珠：二二八事件影響了我的生活、婚姻，也影響了我對外省人的看法。（宋隆泉攝）

許金來（建築工，死難者）

受訪者：許珠（許金來甥女）、謝金生　　訪者：簡定春、張炎憲、高淑媛
時間：一九九三年二月二十七日　　記錄：高淑媛
地點：基隆市簡宅

我叔叔做過日本兵，調到中國大陸河北去，戰後第二年才回來，不久發生二二八，他很老實，並沒有參加，風聲傳說做過日本兵回來的會有事，他害怕，跟著人家逃。

清晨四、五點時，兵仔上山來了，上山就對著廢礦坑一直開槍、丟手榴彈。

我們許家，男子本來就只剩我叔叔一個人，大小房都指望他；他死後，我一個女孩子變成必須扛起這個責任。

一、許珠

許金來是許受生的親弟弟，許受生是基隆的傳奇人物，很可憐，日本警察時常要捉他；大戰時，被美國軍仔的炸彈炸死。

許金來和許受生都是我的叔叔，現在許家整個家族就只剩我一個人。我要去市政府登記，市政府不讓我登記。以前我媽媽的先生是招入的，我媽媽是許金來的姊姊，所以我姓許；我是大正十三年生，今年已經七十歲了。

我叔叔做過日本兵，調到中國大陸河北去，戰後第二年才回來，他沒有讀書，不識字，回來後做小工，做泥水工；二二八是戰後第二年還是第三年發生的，我不清楚，當時我還小，不懂事。他回來後發生二二八，他很老實，並沒有參加，風聲傳說做過日本兵回來的會有事，他害怕，跟著人家逃。

二、謝金生

許金來是大正九年生；我是大正十年生，當時只有二十多歲，只有讀過漢學，我和許金來平時一起到處去做工，做小工，蓋房子等等，有工作就去做，沒工作就閒著。

二二八發生之後，大約是三月十號、十一號，聽到國軍要捉人，我沒有做過日本兵，但是也是害怕，所以跟許金來一起，跑到月眉路那邊，渡船尾山上躲起來；兵仔到處探聽什麼地方有躲人，到處

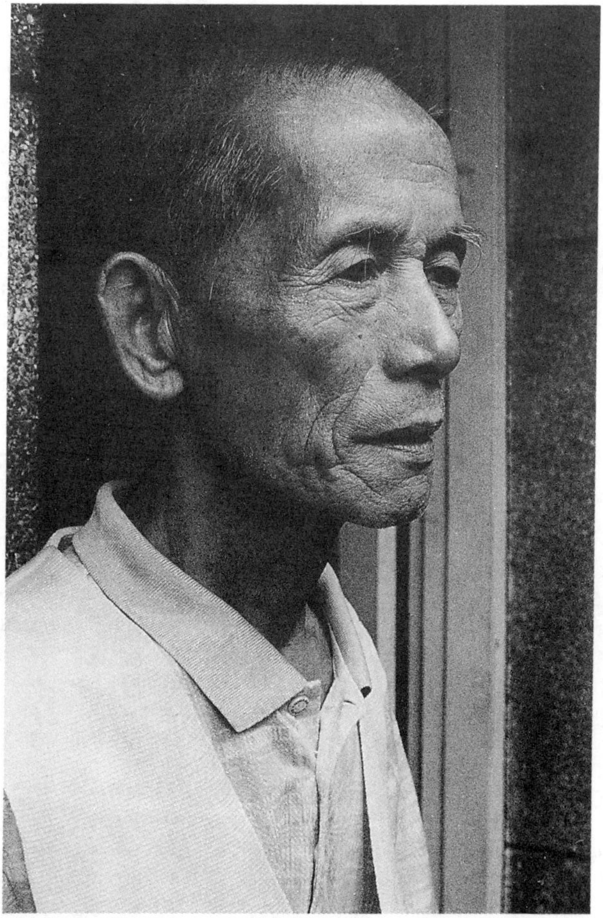

謝金生當年和許金來一起躲在月眉路渡船尾山的廢礦坑。（宋隆泉攝）

搜查，搜到我們躲的山上來。

渡船尾山上有廢礦坑，堆一堆煤屑；清晨四、五點時，有人爬上來，告訴我們兵仔在下面。我向許金來說，兵仔來了，要不要再跑，沒有馬上決定，過十多分鐘，兵仔上山來了，上山就開槍。那時是冬天，清晨四、五點天色相當晦暗，只見一點微光。許金來原來躲在煤屑堆附近一顆樹下，槍開來我也不知道，是不是打中人我也不知道，我很驚慌，沒踩好，滾下山坡，斜坡很陡；下一個坡比較平坦，我緊拉著芒草叢。兵仔對著廢礦坑一直開槍、丟手榴彈，打到六點多，天色大亮，軍隊吹喇叭集合回營。兵仔一撤退，我馬上逃離現場，經過四腳亭到瑞芳，從瑞芳逃到羅東。

後來我聽說兵仔在山裏面到處找，派一大隊，我們是歹運，被兵仔碰到。那一次死多少人並不清楚。我們兩個人之外，還有一些不大認識的年輕人，分散在山裏面；那時隨便亂捉人，不管有參與沒有參與，都要捉，只要是年輕人。許金來的死，我也是後來才知道的，當時，我滾下斜坡，就地躺著，眼睛閉著，心裏很害怕，生死只有聽天了。

我們躲在煤屑堆後，很隱祕，平常是沒有人到的地方；有心去找，才有可能找到，否則對基隆地理不熟的人，很難發現那個地方。

死裏逃生之後，我跑到羅東，待一個月，時局較平靜，但基隆我還是不敢住，去臺北我姊姊家住；從羅東回基隆，要到臺北時，在港口城隍廟還排著撈上來的屍體四、五個，我也不敢駐足觀看。那些屍體手綁在背後，還綁著石頭，丟下海裏，連逃生的機會也不會有，沒幾分鐘就會死。我在臺北住了半年，才回基隆。

我和許金來就像兄弟一樣，平時一起工作，逃難時躲在同一個地方；跑到山上的有很多人，各人躲各人的，沒有躲在一起。我和許金來躲在一起，要證明我也可以出來證明。

對這件事，我三不五時也在想，實在不平，但也無可奈何。

三、簡定春

那時所有的中國兵都從基隆上陸，早期較沒有知識的人以爲，祖國來的兵都是天兵天將，誰知看到的是散漫、生病、一路哀哀叫的兵，大家就已經有些反感在心底，尤其是基隆人。

事故發生後，基隆一些福州警察，看到少年仔他就要找，要捉，並沒有問原因。那時我父親三十多歲，也算是年輕，也逃，逃到深澳坑仔；那時兵仔來抄時，大大小小都要出來外面舉手，女人家在廁所也被捉出來舉手，看到少年仔就拉出來，打死；手舉高高的表示沒有帶武器，投降。看到少年仔就捉，少年人怕，都往山裏面跑。從這裏再過去是大水窟，大水窟再過去是月眉山，翻過山去就到四腳亭、瑞芳，大家都循著這條路線跑；戰爭中疏開也是循著這條路線跑，兵仔、警察是外省人，對地理比較不熟。所以說那個時候，逃亡並沒有理由，大家害怕，就逃。

二二八發生前，中國兵仔就有「槍殺狂」，動不動就「槍斃、槍斃」，我們小孩子那時也學會說「槍斃」，會講的第一句中國話就是「槍斃」。我阿公有一輛板車，我家再過去一點有個兵仔營，兵

簡定春（宋隆泉攝）

仔來向阿公借板車，車借走後不還，我阿公要進去兵仔營裏面要車也不可以，後來有一天，板車又公然從我家門前搖搖擺擺經過，我阿公要衝去向兵仔要車，被我爸爸和鄰居拉住，勸他車子被拿走就算了，不要去，會被掠去槍斃。如果那時候我阿公眞的去要車，可能就被掠去槍斃了。

二二八發生時，我爸爸開雜貨店，騎腳踏車到市內補貨。平時他都走信義路到市內，那天走到警察局門口，警察把他叫住，說要借用他的腳踏車，借去之後沒有還，所以到現在，政府還欠我家一輛板車和一輛腳踏車。當時腳踏車很貴，我們這條巷子，只有我家有腳踏車，因爲我們家做生意，一定要有腳踏車載貨，是謀生工具。

四、許珠

許金來被打死許多天後，人家才來跟我說。我拜託人幫忙找屍體，約在死後一個月才找到屍體，在大樹頭下，屍體已經開始腐爛；找到後叫人家隨便埋一埋；那時他還年輕，還沒有結婚。

我們實在可憐。我們許家，男子本來就只剩我叔叔一個人，大小房都指望他；他死後，我一個女孩子變成必須扛起這個責任，現在年節都是我在拜，也有幫他傳後嗣；我女兒招夫，孫子姓許，拜他。只是墓地的位置，經過那麼久，已經找不到了。

在我女兒要招贅時，我才告訴我女兒，爲什麼他必須招贅，傳姓許的香火。我告訴他，現在姓許的就只剩我一個，姓許的這邊我必須幫他傳後代；我老的時候，也必須靠你；我是獨生女，許金來過世後，我家就剩下我母親和我，我要養母親，出門幫佣帶孩子，當清掃工，煮飯、洗衣，我媽媽幫人家縫衣服、縫鈕釦，母女相依爲命。那時很認命，我也沒有讀過書，事情遇到了，也無可奈何，只能想辦法過日子。

現在只聽人家說，要建紀念碑；我叔叔的確是二二八時候受難的，做紀念碑紀念也是應該的，我必須把他的受難經過講出來，做個紀念也好。

我也很不平。如果沒有發生這件事，我叔叔就不會死，他沒死，我的擔子也不會這麼重。我長大後，人家來說親事，我想自己祖先牌位一大堆要拜，怎麼能嫁，都拒絕人家；後來用招贅的，因爲我要對許家祖先負責。

二二八事件，對我的影響很大，影響生活、影響婚姻，影響對外省人的看法，影響重大。

陳武雄：至今我不能理解國軍爲什麼要那樣殘忍的打死我父親。（宋隆泉攝）

陳老九（基隆碼頭工人，死難者）

受訪者：陳武雄、陳建智（陳老九之子）
陳發（陳老九之弟）
訪者：張炎憲、胡慧玲
記錄：胡慧玲
時間：一九九三年三月十八日
地點：基隆市陳宅

如果父親是被槍決的，還算好死。但他不是，他是被捆綁得無法動彈，被兵仔狠狠打了一陣，才丟入軍營的大水溝。我們三沙灣的人都很會游泳，父親水性很好，何況他又是舢板的雙槳手。父親順著大水溝往海裏游出去，死命掙扎，因爲雙手雙腳都被綁住，施展不開來，沒游多遠。兵仔見他沒死，又把他捉回來，用石頭活活打到死爲止，再丟到海裏去。父親的屍體，前額的頭蓋骨卻打掉了，沒有了，頭缺了一大半。很殘忍，實在太殘忍了。

我是陳武雄，基隆二二八事件死難者陳老九的兒子。我父親是祖父的長子，不曉得爲什麼名字卻叫陳老九，偏號「新金仔」。父親是基隆三沙灣在地人，小時讀過漢學，但沒上過正式的日本學校。生前他是三沙灣的舢板雙槳手兼碼頭工人，一九一八年出生，如果還活著，應該有七十六歲了。

事情的經過是這樣的：那天傍晚，父親在三沙灣那邊山上的朋友家賭博。晚飯時刻，人家說，新金仔，來吃飯吧。父親說，不了，要回家去。

供奉在陳家的陳老九畫像。（陳武雄提供，宋隆泉翻攝）

他回家了，在回家途中，現在的中船路長堤旅社前，被海水浴場那邊陸軍澳駐守的國軍捉走。就在那裏，現在的東岸碼頭，有一條約五尺寬的水溝，從山上流經陸軍澳，通到海裏，父親手腳被綁住，在附近鄰人的衆目睽睽下，被兵仔用石頭活活打死，死時三十歲。

如果父親是被槍決的，還算好死。但他不是，他是被捆綁得無法動彈，被兵仔狠狠打了一陣，才丟入軍營的大水溝。我們三沙灣的人都很會游泳，父親水性很好，何況他又是舢板的雙槳手。父親順著大水溝往海裏游出去，死命掙扎，因爲雙手雙腳都被綁住，施展不開來，沒游多遠。兵仔見他沒死，又把他捉回來，用石頭活活打到死爲止，再丟到海裏去。

後來我們去領屍，看到父親的屍體，前額的頭蓋骨都打掉了，沒有了，頭缺了一大半。很殘忍，實在太殘忍了。他們如果眞要我父親死，乾脆一槍打死他，還比較好，像那樣用石頭活活打死，實在太殘忍了。

至今我不能理解國軍爲什麼要那樣殘忍的打死他。父親死後，兵仔還來找我叔叔陳發，晚上常常來家裏搜索，嚇得他四處躲，晚上不敢回家睡，都要住朋友家，這樣大約躲了一個多月。

父親被捉的那天傍晚，大哥在家門口遠遠看到了，看到八、九個兵，綁住父親，押往陸軍澳。大哥趕緊跑回家講。那時大哥才五、六歲，祖母說，小孩子亂講話，你爸爸怎會被捉走。祖母還朝他頭上打了一下。母親聽到父親出事，半信半疑，但立刻狂奔前往陸軍澳。她去跪去拜去求，都已經來不及了。母親不僅救不出父親，還差點被兵仔捉去打。那天是農曆二月二十七日。第二天近午，母親拜

三沙灣陸軍澳的新貌。陳老九當年被國軍用石頭活活打死，再投擲於海灣內。（宋隆泉攝）

託朋友陳源基划船去海邊把屍體撈回來。

父親生前，我們住在三沙灣。門前有空地，擺了長板凳，傍晚時可以躺在那裏乘涼，抬頭一看，就是山嶺。二二八事件後，我們在門前的板凳上乘涼，看見兵仔用槍押著老百姓往山上走。也曾看見兵仔開著兵車駛過，看到老百姓，就舉腿踢人。一看到兵仔來，大家都嚇得四處逃。

父親死後，母親負責全家生活。我大姊陳碧鑾是一九四〇年出生，那時七歲，大哥陳勝雄是一九四二年出生，我叫陳武雄，是一九四四年出生，弟弟陳建智是一九四六年出生，父親死時他才九個月大。也就是說，二二八事件後，我母親三十歲，我們兄弟姊妹四人，最大的七歲，最小的九個月，一家孤小，就靠她一手養大。現在回想，還眞不知道她是怎麼熬過來的。

母親爲了養活我們，賣刨冰，做各種小生意，什麼事都做。她在基隆很有名氣，三十年前當選過「好人好事」。我們家，窮歸窮，母親卻要我們窮得有骨氣，不讓人看不起。外祖母希望她再嫁，不要守寡，母親堅持親手養我們長大，要我們讀書。大哥讀瑞芳高工，我讀八堵中學，弟弟讀海洋學院，姊姊同時考上北一女和臺北師範學校，結果去唸師範。

多年來，對我父親枉死這件事，母親一直很憤慨。我說一個故事給你聽，有天，叔叔帶打撈公司的同事來家裏吃飯，裏面有外省人，講北京話。母親立刻把叔叔叫進去，打他一個耳光，說，你不知道你大哥怎麼死的嗎?這個故事充分形容了我母親的心情。她再三交代我們，不准和外省人有什麼關係，更不准嫁娶外省人。

黃銘墻：我們家住基隆要塞司令部隔壁，他們曾經來借收音機，卻要我們賠 傳令兵，笑死人。（宋隆泉攝）

黃銘墻（地理師，見證者）

受訪者：黃銘墻（黃海洋之子）
時間：一九九三年六月二十日
地點：基隆市祥豐街黃宅

訪者：張炎憲、高淑媛
記錄：高淑媛

那時我們國語講不通，都用比的；兵仔叫他過來，他不懂，結果兵仔跑過來，把所收帳款——一大包舊臺幣搶走，開槍打了許進德一槍，他就開始「哀」，他哀，兵仔又打，許進德反應很快，第二次被打，不敢哀了，兵仔以爲他死了，走掉。

我父親是黃海洋，基隆市第一屆市參議員；他在日本時代參加文化協會，負責籌組基隆市機械工會，現在在的話八十九歲，屬蛇。市參議員楊阿壽也閃開了，但是他兩個兒子被捉。連雅堂也來過我家，我家一直住在這裏，沒有搬過家。

我爸爸那時經營盛興兩合公司，盛興兩合公司是有限公司和無限公司之間的大公司組織；戰後，日本時代的船沈光了，本來他打算和上海亞洲公司合作，然看局勢不好，沒有談成，乃和上海一個叫亞細亞公司技術合作，大陸紅軍逼近上海，合作也沒有成功。

盛興兩合公司一個會計叫許進德，他以前是壽公學校畢業的，也是顏欽賢辦的光隆商職的畢業生，那時要去收帳。我父親說現在局勢不好，最好不要出去。許進德年輕，不能體會，照樣出去收帳。可能是太晚回去，當晚在大華這條獅球路，愛二路過去是仁五路，經果菜市場前的那條橋，以前是舊公園的地方，遇到兵仔；當時戒嚴，也是二二八事件之後兩天；那時我們國語講不通，都用比的；我爸爸也是用比的，也不會講；兵仔叫他過來，他不懂，結果兵仔跑過來，把所收帳款——一大包舊臺幣搶走，開槍打了許進德一槍，他就開始「哀」，他哀，兵仔又打，許進德反應很快，第二次被打，不敢哀了，兵仔以爲他死了，走掉。

第二天一大早，天色亮了之後，古早果菜市場在早上四、五點開始做生意，他爸爸划一舢板，以前舢板可以划到南榮路那裏，他看到是他爸爸，呼救，才被救回來。

我母親大宗伯的兒子，從金山捉來這裏槍斃；我外公的兄弟，在金山看到兵仔槍殺人，嚇瘋了，瘋了幾十年。還有基隆賴博文小兒科的哥哥，賴武明被捉來要塞司令部，在槍斃之前，問他在這裏有沒有親戚，我母親才去保他出來。

我一個朋友，幫肥料一廠開卡車，肥料一廠的廠長是陳堯，外省人，要塞司令部打電話到肥料一廠借卡車，到我們這裏不知道捉幾個人。那時我還年幼，並不清楚。這是我聽人家說的，是不是事實並不確定；不過現在和平島常發現骨頭。

現在安瀾橋附近住王姓兄弟二人，一個被掃射死掉，說什麼暴民攻打要塞司令部，騙人的；基隆自戰後兩三年間滿街都是兵仔，哪有人敢反抗；楊亮功的調查說有暴民攻打要塞司令部也是亂講，姓王的早上要出來刷牙，被要塞司令部掃射死掉，冤枉不冤枉。

我家這裏是祥豐街；在祥豐街和安瀾橋這一帶，有收音機的人很少，當時我家有一臺，要塞司令部向我們借去，用借的，可是大半年要不回來，是光復那年的事。後來他們來我家，要我們賠傳令兵；兵仔說是傳令兵要插收音機，被電死，要我們賠傳令兵。借他們收音機說要賠他們傳令兵，笑死人。

還有，每當中央要來點兵，都要捉這裏的大孩子去充數；有的兩三天後就回來，有的一去不回；十多年後我在鳳山當兵，還遇到一個當時被捉的鄰居。

想起來很好笑；我如果發牢騷說太多也不行，我女兒在某大報工作，說太多會讓她丟飯碗。

基隆要塞司令部。（宋隆泉攝）

要塞司令部關很多人，大多是金包里捉來的；那時要塞司令部管到新竹；南部歸高雄要塞司令部管。蔣介石第一次來基隆，還提了「屏障東南」四個字；我也是三民主義訓練班第九期的，被調去的；但我沒有參加國民黨。

張堅華的父親張振生，當時也是市參議員，要競選臺灣省參議員，由各縣市參議員推薦；我父親也是市參議員，國民政府來臺灣用一些抗日的當市參議員。張振生日本時代反日，後來逃到大陸，張堅華是唐山生的。推薦省參議員時，蔡炳煌、楊元丁和我爸爸等說，張振生才可以勝任，國語才可以通；戰後去過大陸的讓他們去當省議員；大家把票投給張振生，謝修平的父親謝清雲因此沒有當選。

這都是二二八前後的事。我爸爸本來很擁護國民黨，但國民黨烏巴巴，他曾經檢舉謝貫一貪汚，之後就無法當選市議員了。

劉新富和妻子合影。（劉楊阿茶提供，宋隆泉翻攝）

社寮島事件

受訪者：駱新發、劉楊阿茶（劉新富之妻）
　　　劉林巧雲（劉新富之嫂）
　　　林義盛、呂姿蓉、杜阿金、藍財貴
訪者：張炎憲、簡定春、胡慧玲
記錄：胡慧玲
地點：基隆市仁愛區老人會、劉宅、呂宅
時間：一九九三年四月十九日、七月十五日、八月十四日

兵仔來的那天，我在船寮有聽到槍聲，整個社寮島鬧哄哄，說船寮的人被捉去殺掉了。後來我才聽說，有幾十個兵仔進去，手上都拿著機關槍，把船寮裏的七、八個工人都叫出去，統統殺死。那家船寮老闆的弟弟和女婿都死了。老闆名叫「旺仔」，大家都叫他「船寮旺仔」。我老闆的兒子也被兵仔捉去。老闆有錢，幾天後，用錢買兒子回來。

說也奇怪，就在捉人後的沒幾天，恰好是大晴天，可是浪好大，平常大晴天是風平浪靜的。我們社尾的人騎車去海邊倒垃圾，看到巨大的浪拍打著防波堤，海浪把一件件不明物品拍打上防波堤，仔細一看，原來都是屍體，數一數，是七、八具屍體。

一、駱新發

我是駱新發，一九二五年出生，基隆社寮島（現在改名叫和平島）人。

從前，社寮島人大都靠海吃飯，一般人的工作不外乎是釘船、做鐵工——車床，和捕魚。我父親早死，小學畢業後，我就去當學徒，跟日本人學釘船。我從十六、七歲做到六十歲，都在釘船，做警備船、漁船等，至今快七十歲，已經退休了。

二二八事件時，我差點就被捉走，但我有朋友被冤枉捉走。

駱新發：我是死裏逃生。（宋隆泉攝）

國軍來社寮島捉人那天，明確的日期我已經不記得了。社寮島只有一條馬路，前後兩家船寮。船寮就是修理船的工廠，船故障或維修，都要送到船寮來。拆下來，什麼零件待修，再找看是木工修或鐵工修。漁船每年要小修理，每三年再大修理一次。我的職業，日治時代寫的是「造船工」，中國人來了以後，改成「木工」。

我的船寮在「寮尾」，就是社寮島尾端。兵仔來的那天，我在船寮聽到槍聲，和人走來走去的聲音，整個社寮島鬧哄哄，說船寮的人被捉去殺掉了。後來我才聽說，有幾十個兵仔進去，手上都拿著機關槍，把船寮裏的二十幾個工人——其中有七、八個工人是社寮島的人都叫出去。那家船寮的老闆渾名叫「旺仔」，大家都叫他「船寮旺仔」，他的弟弟和女婿也被抓去。我在船寮聽到風聲，嚇得趕緊躲到船艙底下。兵仔來捉的時候，沒有下船，所以我沒有被捉走。但是我老闆楊英的兒子楊財壽沒逃掉，被兵仔捉去。老闆有錢，幾天後，用錢去軍營買兒子回來。

說也奇怪，就在捉人後的沒幾天，有一天，恰好是大晴天，可是浪好大，平常大晴天是風平浪靜的。我們社尾的人騎車去海邊倒垃圾，看到巨大的浪拍打著防波堤，海浪把一件件不明物品拍打上防波堤，靠近一看，原來都是屍體，數一數，是七、八具屍體。

我也去認屍。七、八具屍體裏，有一個人是我的朋友呂金土，偏名叫「老損錘仔」。他是獨子，大姊呂姿蓉現在還在，開一家雜貨店，很可憐。

他們枉死後，繼續還有怪事發生。夜半無人時，船寮的牛磨（人力捲揚機），絞盤的粗繩竟然動個不停，發出「空龍空龍」的聲音。社寮島的人說，那幾個冤魂回來了。這件事，社寮島的人都知道。

有個船老闆，新發造船廠的老闆，八尺門人，名叫劉新富，是劉申土的弟弟，也被兵仔捉走了，下落不明。到底是什麼單位來捉，爲什麼捉人，我們都不知道。誰敢去問？大家都自身難保。我們都是老實人，只會傻傻做工。走在路上，雙手要高舉。兵仔過來搜身，口袋裏有好東西，他們就順手摸

社寮島事件的沈屍地點之一。(宋隆泉攝)

走。看到女孩就亂追，女孩嚇得要死，拔腿就跑。那時我結婚不久，太太在屋前亭仔腳也被兵仔追，嚇得跑進屋內，躲在床下。兵仔追進來，看屋裏還有別人在，才悻悻離去。

二二八事件後，兵仔在社寮島殺了人，不曾罷休，又繼續在路上站崗，兵仔沿路盤查。島上的人不太敢出門，也不太敢出去工作，整個島靜悄悄。幾天後，我又出去工作了。那時候我二十幾歲，有傻膽，也是爲了生活。做粗工的人，不去賺不行。我沿著海邊的小路，半走岩壁，半涉海水，穿越別人家的圍牆，走到船寮上工。妹妹中午送飯去給我吃，有一天，被兵仔看到，大聲叫她：「把手舉起來」。她才十二歲，嚇壞了，以後就不敢幫我送飯了。

二、劉林巧雲

我是劉申土的妻子劉林巧雲，今年八十七歲了，二二八事件死去的劉新富，是我的小叔。我們劉家事業正興旺的時候，中正路整排都是我們的工廠和住家。講到八尺門的新發鐵工廠，基隆人都知道。

我小叔劉新富很好，人很乖。我幫他娶媳婦，沒想到後來留下一大羣小孩讓我養。死了這個小叔，一想到，我就忍不住眼淚流。他的小女兒劉素卿不認得父親，劉新富死的時候，她還在她媽的肚子裏。

劉新富被捉的情況是這樣的：我們家開造船廠，除了造船，也要修理船。修理船的時候，要把船身零件拆開，分別修理。那天，農曆二月十九日，有一艘船壞了，車身放在工廠修理。兵仔來，看到了，要扛去賣。我們去告訴他說，那是別人的，我們修理後要還人家。兵仔根本置之不理。我們在那裏工作，兵就來抓人。劉申土看到弟弟被抓，趕快逃，在山上躲了三天才回來。很淒慘，被兵仔害得很慘。

兵仔在社寮島船寮那邊抓了好多人，連另一家船老闆吳北王、吳明新父子都被捉去。兵仔叫大家在漁會前面那裏跪了整排。他們跑進工廠翻抄，又跑到我們家樓上抄。剛好我女兒在洗澡，我們說，女兒在洗澡啦，沒什麼啦。他們不聽，硬要打開門，看見我女兒在洗澡，才回頭出來。又到其他房間，房間一間間抄，桌櫃一個個翻。樓下抽屜放青銅，一粒粒的，亮晶晶的，有點像金子。他們搜到了，很高興，拿張紙，把青銅包起來，順手帶著，轉身就往樓下走了。他們走到工廠，打開開關，通了電，鐵爐車床碰的一聲，把他們嚇壞了，才罷手，不敢再動機械。然後他們又東翻翻西抄抄，找不到貴重的物件，才出去了。

劉林巧雲：我看到兵仔押著十一個人從門前過。（宋隆泉攝）

那天我看到兵仔押著十一個人從門前過。其中我只識得林西田，還有一個琉球人。聽說後來帶到砲臺那裏去。吳北王、吳明新也被帶走，但是他們有親戚去保，後來釋放出來。他們是二月十九日被抓走，二十一日就被打死了。許多人找到屍體，但是我們的沒找到。

十一個人被押著，經過我家門口時，我看到他們雙手被繩子反綁。後來浮屍只認得兩人，聽說有的流往野柳。但是大家很害怕，不敢太出去看。十一人裏頭，我們認得四人，兩人死了。

我們爲什麼找不到屍體呢，是不是又被抓去哪裏呢？到處都有人來報，也四處去找人，後來又去找屍體，都找不到。

十幾年前，社寮島要塞司令部和海軍舊址開挖九孔坑的時候，挖出好多屍體，後來才在和平公園蓋個廟來放那些骨灰，有好幾簍的骨灰。大家都說那些屍體應該就是二二八事件慘死的。

二二八事件，社寮島就是出了這件事。但是曾經有一個晚上，我從家裏三樓的窗子偷偷往外看，看到一車車載滿人，往社寮島那邊去。明確的日期我不太記得，大約是小叔被抓後的第二夜或第三夜。

我們新發鐵工廠有一大一小兩個車床，員工三十幾人，臨時工五、六十人。二二八出事以後，我小叔被捉，我先生害怕，生意漸漸就不好了。原本房子旁邊有大車間，也被兵仔用來放屍體和子彈，還有阿兵哥看著，我們就搬去宜蘭了。外省人說，你們房子那麼多，給我們吧。我也只能說，好吧，給你。就把旁邊的房子給他們用，後面還附有防空洞。劉新富死後，我們工廠就漸漸失敗了。一些有頭有臉的人，像國大代表等等，訂了船，不來拿，我們才會被拖倒。

九孔坑開挖時，挖出多具屍體，後來在和平公園蓋個廟來放這些骨灰。（宋隆泉攝）

三、劉楊阿茶

我名叫劉楊阿茶，是劉新富的妻子，一九二二年出生。劉新富是新發鐵工廠的老闆，修理漁船，現在鐵工廠的招牌還在，別人租去用。其實大伯劉申土才是老闆，但他不識字，都是我先生劉新富在做，因爲他會講日語。

劉新富是日治時代高等科畢業。我嫁過來時，劉家是大家庭，和大伯一家人一起吃飯，到現在，戶口謄本還全都放在一起。

劉楊阿茶：戶政事務所的人說，報失蹤沒關係，事情我都還記得，我來證明也可以。（宋隆泉攝）

新發鐵工廠除了造船、修船之外，也租船去捕魚。二二八那年我才二十六歲，在家煮飯，外面的事不太知道。我大嬸很能幹，她還會管理工廠的事情。

那天事情是發生在八尺門那邊，就在金銅礦務局的旁邊，有五分仔車小鐵路通山上的礦場。我丈夫劉新富去船寮，被兵仔抓去的時候，有一個琉球人也同時被捕。另外，吳北王、吳明新父子在吃中飯，也被抓走了。

事情發生時，我在宜蘭。因爲先前我正好懷孕，大家說，時局很亂，妳肚子那麼大，躲一躲吧。

我娘家在宜蘭，員山附近的金八里古楊家，是大家族。於是我公公帶著我們四人，去羅東避一避，但每天都打電話和家裏聯絡。農曆二月十九日那天，我打電話回家，他們說，阿富被抓走了。我很著急，一直問說，爲什麼，爲什麼，爲什麼。大嬸說，不知道，但是我看很危險。到二月二十一日，有一個我們認識的要塞司令部的兵仔說，阿富被殺死了，殺死在社寮島。

後來家裏人四處去找屍體，聽說海裏有浮屍，也僱船出海去找，找了兩具，都不是我們的。我沒有出去找，因爲大著肚子，家人不讓我出去。我又驚又怕又傷心，全身軟趴趴的。

爲什麼兵仔要捉我丈夫呢？我一直都不明白。有人說，應該是八尺門的兵仔和漁民口角，於是把漁民統統抓走。那天早上抓了十一人。其實在八尺門抓九人，又在這邊抓了吳北王父子。最早被抓的是林西田，一羣十一人被抓去安瀾橋那裏的兵營。

二二八的受難家屬登記，我去年就去登記了。他們說，要有兩個保證人。小女兒幫我去登記，戶政單位問說，死亡理由是什麼。我女兒當然不知道，那時候她還在我肚子裏呢。可憐，一輩子沒見過父親。聽說社寮島被捉了三人，也去登記了。十一個人去，吳北王父子兩人在要塞司令部那邊被救出來，死了九個人。九個人全都死了，但只有兩個人找到屍體。

我們去公所登記時，塡寫資料，原本戶口謄本上寫著「失蹤」，我問他說，這樣可以嗎？戶政事務所的辦事員說：「可以啦，二二八時，事情我都還記得，劉先生的事情我知道，必要時，我來證明也可以。」

船寮的工人和五分車的乘客，統統被掠來跪在廣場，統統帶走，以後的命運就是海邊浮屍或不知所終。圖為船寮前場。（宋隆泉攝）

四、林義盛

我是林義盛，原籍福建漳州。事件發生時，我在劉先生家的新發鐵工廠工作，陪劉先生出門談事情做通譯，因爲我高中畢業，國臺語都沒問題。那時交通不便，情況很亂，劉新富被抓時，我沒看到，但他確實被捉，而且就此失蹤。我也幫忙去找了好幾天，找不到人，也找不到屍體。我在文化中心——那時叫公會堂，和仙洞和九孔窟那邊，看到很多浮屍，三、四個人用鐵線綁在一起。我和劉家他們既是老闆伙計，也是朋友關係。前後找了月餘，一有消息就去找。劉先生家小孩子、婦人家亂成一團。被捉的人，我已不記得名字。但劉先生確實被捉走的。他人很老實，個子矮矮的，很勤儉、安靜，開工廠，默默做事。情況太亂，連哪個部隊來捉的，我們都不知道。只知道捉了一整批人，無從查起。

林義盛：劉新富實在是冤枉的。（宋隆泉攝）

人家說，兵仔打死很多人，我就去找屍首。但是那些屍體我都不認得。文化中心浮起兩次，每次大約十來個屍體，都用鐵線綁著。情況太亂，只記得替他們劉家找人，其他不太記得。也沒有管道找人。那時兵仔捉人沒個分寸，凡是曾和他們口角的、穿馬靴的、有點日本風味的、走路有風的，就有可能捉走。

我是福建漳州人，一九四六年七月過來臺灣玩。因爲我有個叔公在松山菸廠當廠長，叫我來臺灣看看，他拿錢給我，叫我四處走走玩玩。沒多久，就遇到二二八事件。

二二八前，臺語不通的人很吃虧，流氓會打人，還去攻打元町派出所。二二八後，國軍登陸後，國語不通的人，就很吃虧，馬路上有兵阻攔著。二二八是非難論，但劉新富實在是冤枉的。

五、呂姿蓉

我是呂姿蓉，今年六十九歲，我是呂家的長女。在社寮島船寮做木工，被兵仔捉去的呂金土，是我們家的獨子，死時才二十二歲。弟弟死後，爲了賺錢養家，我沒有結婚。母親終日哭泣，哭到雙眼失明，父親非常傷心，常常捶胸捶頭，後來也耳聾了。

弟弟呂金土原本在社寮島的金銅礦務局旁邊一家船寮，叫做「峠」造船廠做木工。那天，兵仔突然跑去造船廠，把工人全都拖出來外面，叫大家跪下，問

呂姿蓉：浮在岩壁上的弟弟的屍體，頸部動脈有槍尾刀的刀口。（宋隆泉攝）

說，劉新富是好人壞人。弟弟並不認識他，就說不認得。兵仔一聽，說，這樣不行。

後來我輾轉聽說，好像是兵仔在追劉新富，劉新富跑來躲在船上。兵仔追過來，問船寮的工人，他是好人還壞人。大家都說不認得，兵仔很生氣，開始看到人就捉。結果就把所有的工人，連同在金銅礦務局等著坐五分仔小火車的乘客，都拖在一起跪。兵仔看到人就捉。那天晚上，就把大家統統帶去司令部。

我們聽到弟弟被捉走的風聲，一直奔波，要去救他回來。那時我在金銅礦務局工作，課長說，這樣沒有用，外省人不認得我們臺灣人，要救你弟弟，必須有鄰長里長或警察管區的人，去保才行。

那時里長是張建弦，現在已經去世。我們去拜託他，請他蓋印章保人，他不肯。和我弟弟同時被捉的，我記得有仁愛路獎券行那邊的兩兄弟，但是他們有被保出來。我怕弟弟在牢裏沒飯吃，還買了饅頭等許多東西送進去。第二夜，弟弟就被打死了。白天兵仔曾來通知大家，說晚上軍車要經過，叫大家把門關好，不准出門張望。

後來弟弟他們被載來社寮島這裏，零零散散被打死。有的打死在海軍營區那裏，有的打死放進坑底，有的捉去塡海。我弟弟的屍體是浮在海邊的岩壁上，現在和平公園那裏的九孔坑，雙手雙腳被鐵線反綁，脖子上有刀痕，是槍尾刀刺入頸部兩邊動脈的傷口。

那天和弟弟一起被捉的，大約有二十幾個人，名字我不太淸楚。社寮島有三個人，一個姓杜，一個姓藍，一個就是我弟弟，都是同一家造船廠的同事。

社寮島的九孔坑，當初開挖時，曾挖出多具屍體。（宋隆泉攝）

弟弟死後，我們都不知道要去哪裏申冤。前一陣子，我有去區公所登記二二八的事。

爲了養這個家，我拉板車去賺錢，拖三輪車去賣番薯。原本我在金銅礦務局賣車票，月薪三十六元，不夠家人吃飯。我有個乾爸爸，他勸我做小生意，去他家靠行，菸酒牌照借我做。做了幾年，我就自己開了這家雜貨店。

後來妹妹也都結婚成家了，我收了堂兄的小孩和妹妹的小孩，兩、三歲就當我的養子，現在他們也都成家立業了。

六、杜阿金

我是杜阿金，今年八十七歲。我沒有女兒，只有一個兒子杜源昌，二十一歲時就被兵仔捉去打死。

二二八事件時，我兒子在八尺門那邊的銅礦旁的船寮做木匠。那時不知道發生什麼事情，有人說，現在情況很亂，不要出去做工比較好。我兒子不肯，說，我們是好人，不要緊，如果兵仔要怎樣，我們雙手舉高，就可以了。

結果，他去上班，就被捉走了，捉去軍隊大營，從此沒再回來。那天聽說他們做工那班捉了七人，和呂金土、藍燈旺他們一起被捉的。他好端端在工作，無緣無故，兵仔就把他們載走。不知爲什麼。我們很害怕，關門閉戶，不太敢出門去打聽到底是發生了什麼事。

後來，大約是被捉走的第三天，明確的日期我不記得，但是印象中，被捉時再過兩天是農曆的

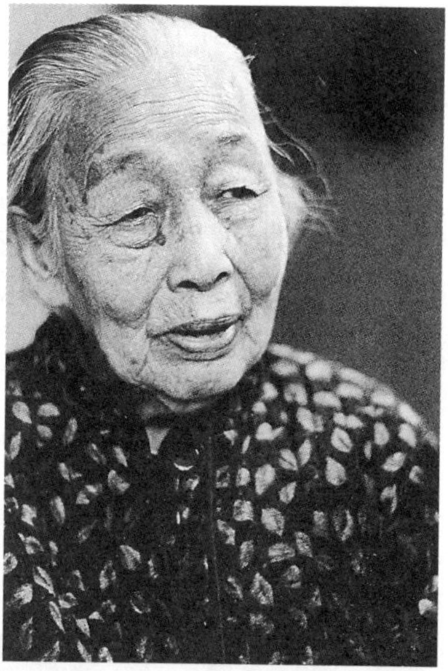

杜阿金：我的獨生子杜源昌雙手雙腳被反綁，浸泡在海岸邊。（宋隆泉攝）

「佛祖生」，所以應該是二月十九日。那晚聽說有持續不斷的槍聲，我們就去海邊到處找。結果在八斗子的「田仔腳」，現在海洋學院前面那裏找到。在田仔腳找到時，我兒子雙手雙腳反綁，身上有刀傷。可能是浸泡海水的關係，尚未腐爛，但是臉被海浪拍打，被岩石碰撞，坑坑洞洞，滿臉都是傷。

我丈夫是補魚網的工人，我的獨生子阿昌死後，我們生活很困難，都是親戚來幫忙。後來親戚看我可憐，送了個女兒給我，當「媳婦仔」，來照顧家庭，漸漸日子才比較能過。

七、藍財貴

我是藍財貴，和呂金土、杜源昌同時遇難的藍燈旺，是我的哥哥，那年他二十一歲，我十八歲，我們都是從小就到船寮做學徒的。

那時我們兄弟兩人都在那家船公司做木工。事情發生的前一天，我們五點下班，經過兵營時，被門口的兵仔叫過去，搜身子，摸身子，摸摸搜搜一陣子，才放我們走。臨走前，兵仔又用槍尾撞了我

藍財貴：整個社寮島，老一輩子的人，都知道我們三家的故事。（宋隆泉攝）

大哥一下。

第二天早上，大哥說，上班去吧，還有一些工作，去做完吧。我們船公司是採包工制，工作沒做完，無法請款。他說，走吧。我說，不要，昨天才被兵仔打，我不去，你如果要去，自己去，我要去劈柴。

結果，哥哥就一個人去了。到了早上九點多、十點的時候，就有風聲傳到社尾那裏去了。我們都住社尾，風聲說，統統都被兵仔捉去了，船公司的人都被捉走了。人家說，你沒去上班，眞福氣。

那天晚上，就有槍聲隆隆，從和平島公園那裏傳來。

我們和呂家、藍家，一起去找屍體。他們兩家找到了，我們沒找到。找了好幾天，不曉得屍體是不是流出去外海了，我們也沒有錢僱船出去找。聽說有的人是雙手雙腳反綁，再吊石頭，丟到大海去，讓你怎樣都找不到。所以大哥算是失蹤，沒有死亡證明，現在去登記二二八，要有證明。

哥哥被捉的原因，什麼單位來捉的，我們都不知道，我們樣樣都不知道，那時我們連家門都不太敢出。

但是整個社寮島，老一輩的人，都清楚我們三家的故事。

社寮島事件的沈屍地點之一。
（宋隆泉攝）

周金城：我弟弟周木榮是去礦場做工的途中被掠走的。
（宋隆泉攝）

周木榮（礦工，死難者）

受訪者：周金城（周木榮之兄）
時間：一九九三年一月卅一日
地點：基隆市暖暖里周宅

訪者：李文卿、蘇豐富、張炎憲、胡慧玲
　　　高淑媛
記錄：高淑媛

我弟弟在二二八時受難。那天，他要到中臺煤礦做事，下午出門，在田仔內，被捉走，從此失蹤。那時我們住在後菜園，從後菜園到中臺煤礦，須經過田仔內，現在改成安樂社區，靠近煤礦的地方被捉。時間我記得不是很清楚，是二二八之後，軍隊上來之前還是之後幾天；捉走之後就沒有消息。

我今年八十三歲，一九一一年生；我弟弟周木榮小我四歲，屬虎，應是一九一四年生。我們有兄弟兩人，還有三個姊妹；姊妹都過世了，現在只剩我一個人。我父母很早就過世了。

我們原住暖東里，靠近暖東峽谷；這裏是暖暖里。年輕時做礦工，我弟弟也是；我一生做過的礦坑不計其數，到六十歲時退休，我兒子都在臺北做事，叫我退休；退休後在家，沒有做什麼工作。這塊地是向市政府租的，沒有買賣過戶，可是承租戶可以在土地上蓋房子。

我弟弟在二二八時受難。那天，他要到中臺煤礦做事，下午出門，在田仔內，被捉走，從此失蹤。那時我們住在後菜園，從後菜園到中臺煤礦，須經過田仔內，他在田仔內，現在改成安樂社區，靠近煤礦的地方被捉。時間我記得不是很清楚，是二二八之後，軍隊上來之前還是之後幾天；捉走之後就沒有消息。

他當時三十多歲，還未結婚；我沒有正式入學；他小學沒有讀畢業，和一羣朋友去打球，他是讀暖暖國小。

他去做礦工，有分一番二番；一番的人早上透早去做，做到下午兩三點回來；二番的下午三點多去，做到清早二、三點回來；他是做二番的，下午要去做事途中，被捉走。

他被捉走後，我太太和他的女朋友一起去基隆海邊找。二二八後，一些被打死的人，屍體被丟在港邊，後來人家撈上來放在岸邊給人家認，我太太和他女朋友去認，沒有找到；也到二重橋去認，就是現在要建碑的地方；也沒找到，只好算了。

現在，我大兒子給他當兒子，傳他的香火，同樣都姓周；只是口頭上約定，沒有去辦過戶。我不知道他是哪一天死的，每年在九月九日重陽節時拜他；一年只拜一次，那天熱鬧一點就好。

賴傳枝：戶籍課沒有人能告訴我們，好好一個臺北工專畢業的青年才俊，爲什麼沒有死因記事？（宋隆泉攝）

許清風（大東公司廠長，死難者）

受訪者：賴傳枝（許清風之堂弟）
時間：一九九三年三月十二日
地點：臺北市伊寧街賴宅

訪者：張炎憲、胡慧玲
記錄：胡慧玲

那時，許清風的父母親年紀不小了，兒子許照武才四、五歲。我們家舊址「拔西猴二十四番地」，有人來通報，說許清風被國軍帶去火車站那裏，要槍殺了。我們一聽，立刻趕過去。看到許清風的胸膛上有連開兩槍的傷口，傷口約碗口大。我們用草蓆包裹屍體，一邊扛，屍體還一邊流血。回家後，再用木板做一個棺材，抬去埋葬。

我是賴傳枝，今年六十三歲。二二八事件死難者許清風，是我的過房哥哥，他的兒子許照武是我的姪子。當時許清風在七堵大東公司——飛虎牌腳踏車的工廠當廠長，他的學歷是臺北工業學校土木科，也就是現在的臺北工專。

日治時代大東公司原本是製紙工廠。許清風畢業才一年，就進去工作。戰後，中華民國來接收，製紙工廠無法繼續經營，許清風把工廠轉型成腳踏車工廠，每天早出晚歸，很忙。

事發前，有一天他沒去上班，我們兄弟在家裏講話。第二天早上大約七點半，他穿上西裝，結上領帶，說要去上班。後來我聽說，許清風就在工廠被國軍捉出來，捉到部隊去，然後被押去槍殺。

確實日期我不清楚，只記得後來連著好幾天槍聲很密，夜裏碰碰碰的往天空開槍，基隆碼頭浮了好多屍體，我也去看過。那時我才十六、七歲。

許清風在七堵名聲很好，很熱心公益，有很多換帖兄弟。一出了事，馬上就有人上門來報。七堵庄長王初學趕著去保許清風出來。那時能夠讀到臺北工業學校畢業的人，數一數實在沒有多少個，王初學急著要去保許清風，可是找不到人。人家說在後面，國軍也不讓王初學保。王初學趕快跑回我家講，我們立刻趕過去。只見許清風已經被綁起來了，七、八個兵用槍押著他，有點像歌仔戲裏的槍決示衆，押去七堵火車站附近的調車場，用破布塞滿他的嘴，用槍尾刀往他胸膛刺下去，然後才碰碰碰開槍。

那時王初學還四處奔波，要找人去保許清風。他說，許清風這個人很好，一定要保出來。但是，那天早上許清風被帶走，過午就被槍殺了，前後沒幾個鐘頭。

二二八事件時，許清風的父母親年紀不小了，兒子許照武才四、五歲。我們家舊址「拔西猴二十四番地」，馬上就有人來通報，說許清風被國軍綁走。我們一聽，立刻趕過去。看到許清風的胸膛上有連開兩槍的傷口，傷口約碗口大。我們用草蓆包裹屍體，一邊扛，屍體還一邊流血。回家後，再用木板做一個棺材，抬去埋葬。經過情形就是這樣。

爲什麼國軍要殺許清風呢？照王初學的解釋是，國軍是見人就捉，尤其是像許清風那樣，又年輕又壯碩的男人，不論好壞，亂殺一陣。

死後一年多，我們去戶籍課領戶口名簿，上面並沒有載明許清風是二二八事件中被國軍槍殺。我們問戶籍課課長爲什麼，明明是一個臺北工專畢業的青年才俊，忠厚老實的人，爲什麼沒有死因記事？課裏沒有人可以回答。

事情經過那麼久，沒有人告訴我們到底怎麼一回事。許清風被捉走的時候，我不在現場，後來是有人到家裏來報，我立刻趕去，屍體也是我們扛回來的。

我是一九三一年出生的，父親是公務人員。我小學畢業後，考上八堵中學，但是沒有錢註册，只好去唸七堵國校高等科，也沒唸完，就去做礦工。我們做囝仔時，很辛苦，一雙布鞋穿完國校六個年級，腳趾頭都露在鞋外面。平常吃番薯簽、鹽水湯和饑荒草。許清風有兩個弟弟，一個叫許清松，做礦，很早就做礦失事死亡。另一個弟弟叫許清榮，也是臺北工業學校畢業的，他讀機械，後來當士林紙廠總務課長，七年前腦充血死去。

許清風的父母親都沒有工作，靠他奉養。事件前一年，許清風和太太離異，太太又改嫁，許清風的兒子許照武只得跟著祖父母。祖父母晚年喪子，非常傷痛，每天哭，抱著小孫子哭，想兒子，越想越不平，想得差點發狂，漸漸多病了，六十幾歲就死去。許照武跟著叔叔住，小學畢業後，推著煤炭上街賣，一路半工半讀長大。他早年辛苦，人卻很老實，現在做五金生意。經過這樣的人生，他也已經吃素禮佛，以求身心平靜，消除過去的陰影。

許照武：經過這樣的人生，已吃素禮佛，以求身心平靜。（張炎憲攝）

基隆市仁愛區老人會

受訪者：基隆市老人　　　　　　　　　　　訪者：張炎憲、胡慧玲
時間：一九九三年四月十九日、五月三日　　記錄：胡慧玲
地點：基隆市仁愛區老人會

兵仔把我們九個人串成一排，我被串在一排九人的最後一個。如果我是被綁在中間或最後第二個，也是死路一條。手腳都綁起來之後，兵仔又用布綁住我們的眼睛，我什麼都看不見了。沒多久，我聽見一聲聲的槍聲響起，是步槍的聲音。聽到碰碰的槍聲，我心想，差不多了，沒命了，再見了。

後來才曉得是前面那八個人救了我。他們中槍，一個個跌入海裏，身體重量的拉力，把串在一起的我順勢拖下海裏去，兵仔還不及朝我開槍，我就跟著跌入海。兵仔雖然不及開槍，卻來得及補我一刀，我的小腿被槍尾刀畫了一刀，好大一個刀口。

八個死去的人拖著我跌入海裏，鐵線受重力拉扯，落水後，我雙腳的鐵線鬆了，可以胡亂掙扎，才有活命。漆黑裏，我只靠雙腳亂划水，游到遠處的岩壁，較安靜後，才偸偸上岸。我摸黑到南榮公墓那裏躲著，一條命才算撿回來了。

一、黃永家

我是黃永家，基隆人，一九二一年出生，今年七十三歲。很多人都知道，二二八事件時，在基隆港口，國軍把老百姓一個個綁成串，用槍尾刀活活刺死，丟到海裏去。我又曾聽說，那時有一個人，命大，死裏逃生。

結果，上個月，四月二十三日，林木杞來我們「仁愛區老人會」，聊天中無意說出來，他說：「老子我被穿鐵線，丟去填海，沒死，逃出來。」林木杞還展示他雙腕雙腳被鐵線貫穿而過的疤痕。

黃永家（宋隆泉攝）

我們才知當年的傳說，是確有其事。我說，你爲什麼不早說。他說，不敢呀。

那天下午，吳和國帶林木杞去民進黨基隆市黨部，第二天記者就來訪問他。四月二十五日，《民衆日報》和《聯合報》刊登這則新聞。陸陸續續又有其他報紙報導。二十七日在臺北市金華國中有演講會，我帶他去，告訴廖中山教授這件事的由來，廖教授立刻請他上臺向聽衆報告。林木杞講完後，下臺休息，有些婦女到後面來探望他，看他的傷痕，一邊看一邊哭。

現在林木杞有些生活上的問題，我們老人會想幫一點忙。林木杞已經七十三歲了，當年受了重傷，留下後遺症，行動不方便，身體很差，常常生病住院，能活多久都不知道。他太太才五十幾歲，但是智商和精神狀況都不好，有時幫人家洗碗，有時去撿廢紙，沒有固定的工作。政府列他是二級貧民，月發一千六百元，但他租的地下室房間，每個月租金就要四千元，更別提其他的生活費用。雖說現在立法院曾討論二二八賠償條例，要等到什麼時候才賠償，也不知道。眼見林木杞就快活不下去了，於是有人見義勇爲，寫信給省政府，說明林木杞的情況是如此如此，必須申請特別補助。算救濟也罷，算借貸也罷，反正等以後賠償金發下來，再連本帶利還。林木杞沒有兒女，若是死後，賠償金才下來，怎麼辦。照人情講，說是救濟也應該，何況他當初如此受傷受害，又嚇得破膽，四十幾年不敢講，怕又被抓去，再塡一次海。白色恐怖四十年，誰都害怕。

昨天省政府發公文，副本交基隆市政府，要基隆市政府處理。結果市政府又向省政府請示，說沒有這種條例，請省主席批示。

我先講到這，讓林木杞自己講，待會我再講我的二二八經歷。

二、林木杞

我是基隆人，深澳坑的人。我是一九二一年出生，晚報戶口，身分證上寫的是一九二四年，其實今年已經七十三歲。我沒讀過書，早年在瑞芳一帶做礦工，也曾到下港做礦工。戰後，社會不一樣了，沒米吃。我有朋友在當警察，我去找他商量，說，我來掃地，你分一口飯給我吃，好不好。於是我就在基隆第二分局掃地，掃了大約一個多月，二二八事件發生了。

某一天，我也不記得確實日期，一大早，我在分局掃地，總局三個刑事走進來，一個黃家，一個蔡連生，一個高清雲（按：這三個名字都是譯音，因林木杞不識字），強要把我帶去總局。我說，我在這裏掃地，好好的，又沒惹誰，又沒犯法，爲什麼要去總局。他們說，不必多說，去了就知道。

我被那三個刑事捉去總局牢房，到那裏，看到牢房裏已經關了一百多人。一些火車站的役夫，還戴著役夫的帽子，也關在那裏。我問他們是哪裏來的，他們說是八堵火車站的役夫。在總局，也不問口供，就是用短槍的槍尾打我們。

那天，天快黑時，我們又被帶到外面陸軍部的大營那邊。那時的陸軍大營，樹木很多，房子很少，黑麻麻荒涼一大片。在大營，兵仔對我們怎麼刑求、怎麼打、怎麼撞，都不必再說，反正很慘就是。打完以後，就把我們塞到防空洞裏。

天色晚了，我沒有手錶，不知道幾點鐘。兵仔把我們提出來，統統塞到軍車上，一路載到元町派出所後面的海灣（現在文化中心停車場）。就在那裏，大約有上百人的兵仔，開始綁鐵線。把我們從這裏綁過去，又從那裏綁過來。我們被綁成九排，每排九人。等於是我們那一批共有八十一人。每個人的雙手雙腳都被兵仔用鐵線反綁起來。手從手掌穿過手背，雙腳則從脛骨那裏穿過。過了四十幾年，我的雙手雙腳都還留有痕跡。

那時候，九個人串成一排，我被串在一排九人的最後一個。現在回想起來，如果我是被綁在中間或最後第二個，後來也是死路一條。手腳都綁起來之後，兵仔又用布綁住我們的眼睛，我什麼都看不見了。沒多久，我聽見一聲聲的槍聲響起，是步槍的聲音，不是短槍。聽到碰碰的槍聲，我心想，差不多了，沒命了，再見了。

後來才曉得是前面那八個人救了我。他們中槍，一個個跌入海裏，身體重量的拉力，把串在一起的我，順勢拖下海裏去，兵仔還不及朝我開槍，我就跟著跌落海。兵仔雖然來不及開槍，卻來得及補我一刀，我的小腿被槍尾刀畫了一刀，好大一個刀口。

八個死去的人拖著我跌入海裏，鐵線受重力拉扯，落水後，我雙腳的鐵線鬆了，可以胡亂掙扎，才有活命。漆黑裏，我只靠雙腳亂划水，游到遠處的岩壁，四周較安靜後，才偷偷上岸。我摸黑到南榮公墓那裏躲著，一條命才算撿回來了。但是雙手被鐵線穿過後，至今都沒有力量，不太能做事。

我在公墓躲了十幾天，自己摘草藥，隨便亂敷。下山後，再找別人敷藥。死裏逃生後，我也曾在街上遇見那三個刑事。好幾次在街上，他們騎著腳踏車，看到我，好像有點訝異，說，哦，你還活著呀。我也不敢追問，到底為什麼他們要抓我。我又不識字，為了生活，吃飯都來不及了，哪有空問那麼多。

到現在我還不知道為什麼我在分局掃地也會被抓走。和我一起填海的人，也有我認得的。有一個

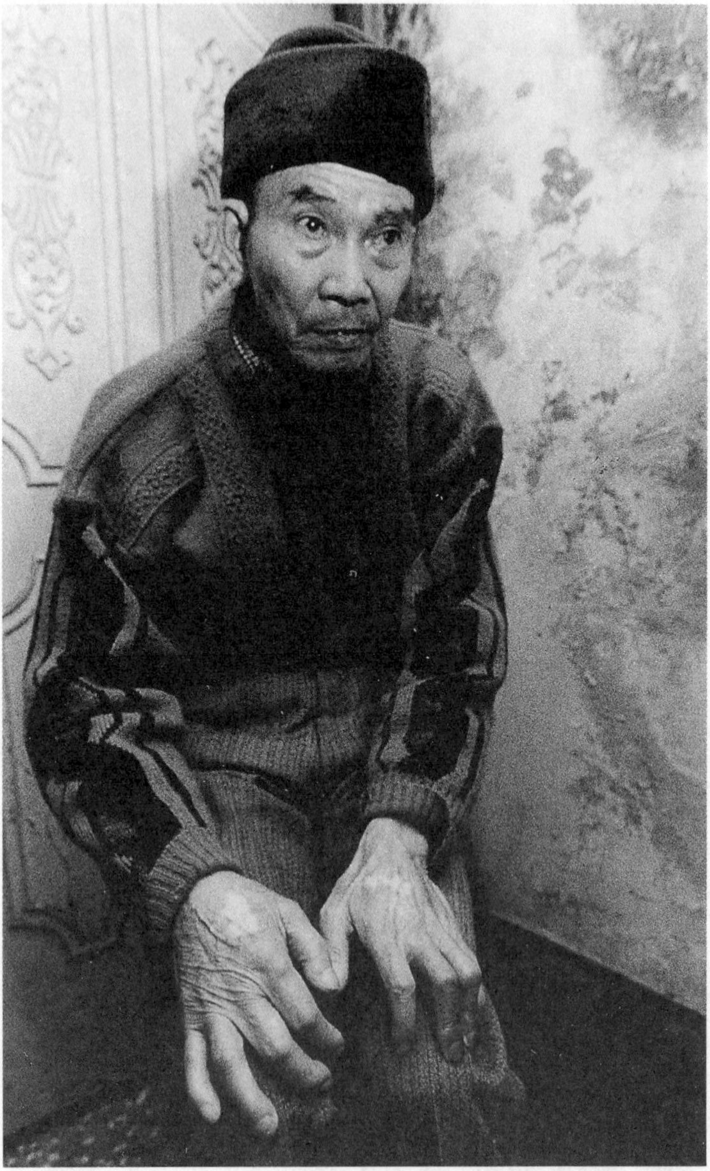

基隆雨港二二八

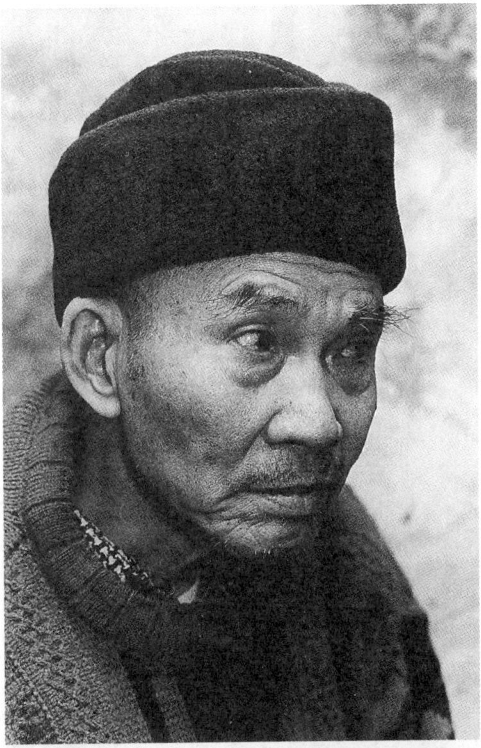

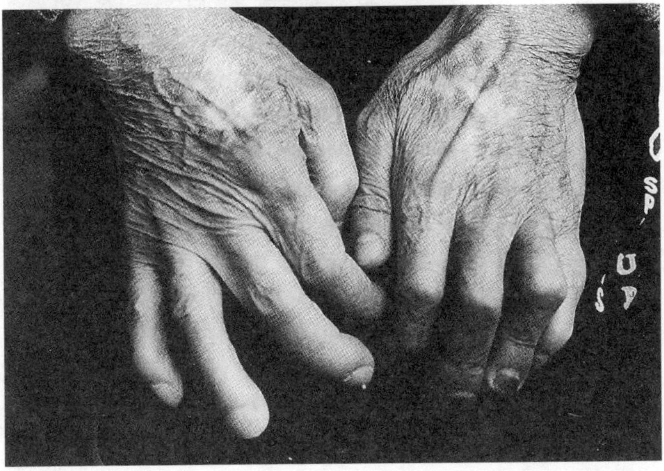

林木杞以及其雙手被鐵線貫穿反綁背後的舊痕。
（宋隆泉攝）

是我的朋友廖文峯的兒子，偏名叫「海賊仔」，被串在我的後面一排，他也死了。

這件事，我都不敢向任何人提起。連那個姓廖的朋友，四處找兒子，問我說有沒有看到他兒子，我也不敢說，不敢說他兒子「海賊仔」已經被掟去塡海。一直到今年，民進黨選贏，李進勇當選立法委員我才敢說，以前我害怕一說，又被抓走。

二二八以後我又回去做礦工，雙手雙腳常常覺得痲、疼、軟、痠，沒有力氣。大約是一九七二年，二十年前，就退休了。

我沒有小孩，因爲太太有工作能力，算二級貧戶。一級貧戶可以領三千元，二級貧戶只能領一千六百元。我結婚那麼多年，也是這一陣子我告訴別人，她才知道我在二二八時出事過。從前我不敢講，因爲，她和我住，好就好，萬一不好，出去告訴別人，我若再被掟去，不是很倒楣嗎。

三、張梓隆

我是張梓隆，今年七十三歲，二二八事件時，住在信七路，那時候叫哨船頭。我是公學校畢業，畢業後，去學做鐵工，做到現在。從來沒有進過牢房，身家淸白，二二八事件那次，是唯一的一次。

事情的經過是這樣：大約是三月十幾日左右，我在愛四路走著，遠遠看見警察開著卡車過來，看到路人就抓。然後兩三個警察圍上來，叫我跟他走。我不肯，我說我又沒怎樣。他們很兇，說，叫你走，你就走。我還是不肯。他們馬上就拿起槍尾刀刺我，刺了三下，逼我走。我只好聽他的話。上了卡車，他們又用黑布條把我綁起來，車上大約已經有二、三十人被捉來了，但凡手上有戒指的、手錶的，身上有貴重物品的，全部被他們拿光光。

到了警察總局的牢房——現在中正公園那裏，我們立刻被關起來。什麼都沒問，我們幾歲，叫什麼名字，都沒問。

裏面幾間牢房關得滿滿的都是人。我心想怎麼辦，世面這麼壞。這種中國式的社會，樣樣都要錢，沒花錢不會罷休。戰時我去過中國大陸，我知道他們這班土匪都是這德性。我去過廣東，在那裏當日本軍伕，是技術者，負責拆工廠。

我想辦法叫人用錢去通。講通以後，他們並沒有馬上放我出來。裏面還是滿滿的人，基隆名醫郭太平的兒子郭守義醫師也關在裏面。我說，郭醫師，要用錢，用錢通一通吧。他說他不要，他已覺悟要死。他說他甘願死，也不要給這班土匪錢。我說，不要啦，千萬不要啦。

二二八那年，我二十九歲，他三十一歲，我們一起關在牢裏。我用五萬元，買回這條命，他卻死了。

牢房裏還關著一個名人叫蔡順，我也勸他用錢去通。他寫個字據，要兵仔去家裏取款。蔡順和裏面一個督察講好了，我問他多少錢，他說，噓，出來再說。二二八事件，蔡順拿錢換命，出來後，大吃大喝，看破世情了。

被抓進牢房的第三天，我們幾個人被叫出來。礦業鉅子基隆顏家顏欽賢的大兒子就排在我後面，

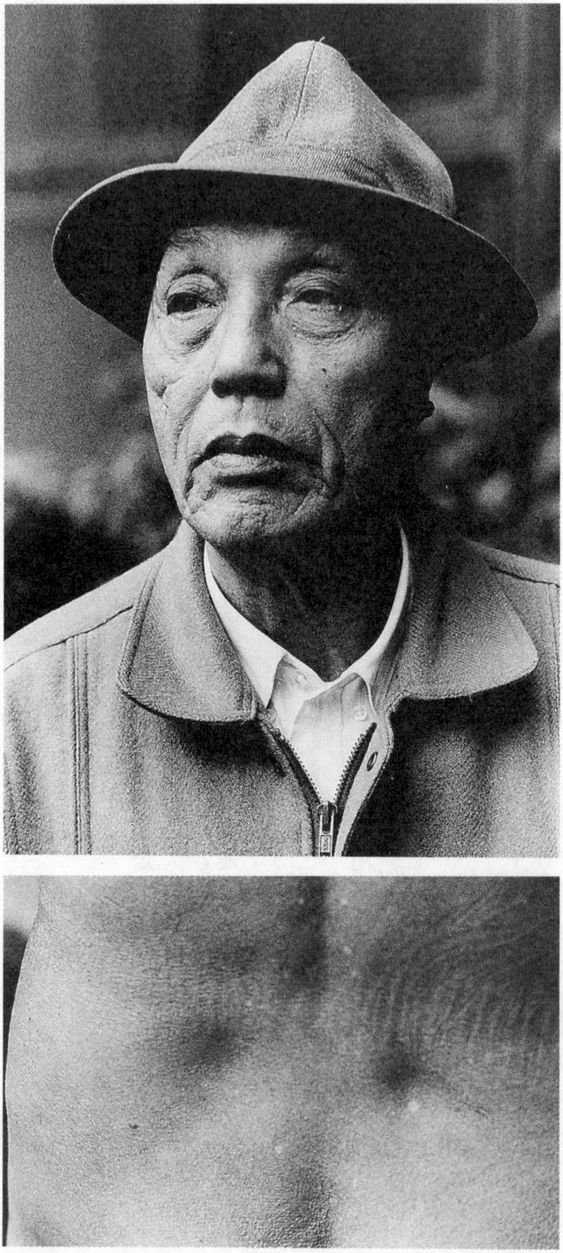

張梓隆以及當街被警察用槍尾刀刺傷的後臀舊痕。（宋隆泉攝）

一起排在警察局前的廣場，有個姓王的通譯，他用臺語對我們說，待會我叫你們的名字，你們就喊「有」，我們一一點頭。沒多久，果然他叫名字，我們喊有。

二二八時，顏欽賢的兒子在八堵中學才畢業，也被捉了，他被捉時，還穿著八堵中學制服。王姓通譯叫到顏的名字時，顏不肯喊「有」。警察局長郭昭文走過去，擧起腳，碰碰碰，就踢下去的，踢了三腳。我心想，才十八歲的小孩呢。王通譯對他說，哎，我叫你應，你爲什麼不應呢。

我又想，八堵中學的學生，他理你中國話。郭昭文是溫州人，這個人的名字我永遠記得。顏家不曉得送多少錢。當天晚上我們還押牢房，顏就釋放了。出獄後沒多久，他就去日本了，不要和中國人在一起。

至於牢房內，三個大牢房，總共擠滿了兩百人以上。後來，十個人大約死了九點九個。沒講錢的，必死無疑。我寫條子，請外面的人疏通。

日治時代，我是技術者，紀錄上沒有壞紀錄的紅字。即使有紅字，講錢也沒用。二二八事件國軍抓人時，恰恰相反，有錢就可以解決。捉進牢房後，我們先是一邊談判，他們一邊去外面調查我的家世和家境，以便決定價格。第三天才談妥。總共我在那裏關了四天四夜。

我回家後，找弟弟借了五萬元，沒多久，就有警察局的「牽猴仔」來拿錢。這不打緊，出牢房時，還要有里長證明我是好人，才肯放人。出獄後，我就去躲起來，躲到鄉下去，躲了大約二十天。在基隆我是被警察抓，另外還有兵仔要抓我們這些「海外歸來」的臺灣兵，我們只好繼續躲。我在警察局時，只被叫去問過一次，就是問我：「你是海外歸來的嗎？海外哪裏？」我說我去澳洲。他們搞不清楚，又問，澳洲在哪裏？有什麼證明？我掀起衣服裏面的澳洲內衣和澳洲皮鞋給他們看，才罷休。

戰時我被徵召去當日本軍伕，駐在新幾內亞。戰後歸來，根本沒有錢。送去海外時，說是技術者，去那邊建廠，因爲「南洋番」什麼都不懂。日本船載機械去，半路就被炸沈。一九四三年年底，日本敗象漸露，我們在南洋，知道情況不妙，一九四四年一月就拿著白旗出來投降美軍。其實我們拿白旗時，日本尚未投降。一九四五年，日本戰敗，美國派商船載我們從澳洲回臺灣，大約三千多人。回臺灣後，根本沒有錢，又發生二二八事件，只好向弟弟借了五萬元，先保命，其它的，以後再說。

四、白再生

我是白再生，基隆人，一九一四年出生，今年剛好八十歲。我畢業於光隆商職，後來考上當警察，日治時代當過警官。

我略知的二二八事件只有一件：我有一個朋友姓

白再生（宋隆泉攝）

洪，被國軍捉去安瀾橋那裏——日治時代的司令部，好幾天沒回來。他家人很急，來找我，希望我想辦法幫忙。那時候我剛好認識一個在司令部裏面煮飯的伙頭伕，也姓白。不得已我就去找他，問個究竟，了解情況。結果他說，每天都捉好幾百人來，關在司令部的倉庫和防空壕，晚上再用軍用卡車載好幾輛出去，往八斗子那個方向去。姓洪的命運可能就是這樣，那麼多人，他也沒辦法查。怎麼捉，如何處置，他也不曉得。

我的洪姓朋友，就此行方不明。

藍火土（宋隆泉攝）

五、藍火土

我是藍火土，老基隆人，今年八十四歲，油漆工出身，後來開油漆行。我親眼看見國軍開槍打死一兩個人，一個是在高砂戲院前面，另外幾個是屍體橫在馬路上。那時候走在路上，兵仔一喊，我們就要舉雙手做投降狀，他們就過來，朝你身上搜一搜，如果沒有馬上舉手，兵仔就開槍了。那時，我看到的屍體非常多，元町派出所後面，屍體從海裏撈起來，慘白慘白的，很多，屍體被魚咬得一個洞一個洞的。去那裏看的人，去找親人屍體的人很多。我以前住樟仔寮的時候，隔壁有個鄰居，偏名叫「番薯王」。有一天，不曉得爲什麼，有五、六個警察和兵仔，跑來找他，把他從家裏拖出來，就在屋前的廣場，就地槍殺。我嚇得躲在床底下，不敢出來。二二八的時候，很亂，亂七八糟，我躲得很快，知道這是生死攸關的事，不敢太四處走動，所以二二八的資料，知道的就是這些，非常有限。

六、黃永家

我是黃永家，一九二一年出生，汐止公學校畢業，原本在雙溪等地的礦坑做事，戰後做包商，賣過煤炭，養過雞，養了三十幾年，現在退休了。

三月初八下午大約五點半，基隆就可以聽到槍聲。那夜，槍聲大作，起先我不知道，天亮時才曉得國軍二十一師登陸，兵仔到基隆市區掃射。事實上基隆和高雄不一樣，並沒有什麼組織，所以兵仔登陸時，未曾遭遇抵抗。兵仔登陸後，我們經常聽到海邊港口傳來間歇槍聲，大約都是在夜裏十一點到凌晨四點左右，碰碰兩聲，停一下後，又碰碰碰的兩三聲。

那時候我在船澳（造船公司）做包商，時局很亂。我聽船澳公司的職員李清淋說，國軍開始掃射以後，有些職員躲在船澳，不敢回家。幾天後，比較風平浪靜，大家餓了，想出去外面吃麵。一出門，迎面駛來一輛兵車，兵仔叫全部的人上車。幸好職員裏有一個福州人，姓王，工務組組長，他姊夫是海軍第三軍區的曹司令，有勢可靠。王組長把兵車攔住，不給開，叫大家都下車。王組長知道人

船寮旁的安瀾橋。（宋隆泉攝）

一被兵仔載去，非死不可。我們整群人跳下來，兵不甘願，放話說，要回去開大隊來，再來包圍船澳。聽說王組長趕快打電話給姊夫曹司令，可能曹司令又打電話給兵仔，他們才沒來。國軍登陸後，我在基隆住了十幾天，等比較風平浪靜後，想辦法跑去汐止深山的父親的老家，再藏二十幾天。

二二八事件時，基隆傷亡最慘烈，是有歷史因素的。戰後有些「臨時嚮導」，原本是日治時代從大陸來臺灣當苦工的、做小生意的、和做礦坑的長工等下階層外省人。他們來基隆很久了，很了解當地誰有錢，誰怎樣。當局就找他們當臨時嚮導，帶領兵仔出來捉人，發生了許多公報私仇，或者擄人勒索的事情。那時候，中山區長簡阿泉，日治時代當保正，就曾被兵仔用草繩綁著，要去塡海。路上他向兵仔哀求，兵仔裏面有一個臨時嚮導，以前是他的工人，幫他求情，說他對工人不錯，才就放他回去。但是簡阿泉那次花了多少錢，他一直不肯講。簡阿泉的兒子是我的好朋友，所以他才告訴我這件事。在二二八的悲劇裏，這件事件算是好下場的。

另一件事是我親眼目睹的。我家住孝三路附近，回家時騎腳踏車經過，看見有兩具屍體躺在那邊。後來聽說是這樣的：死者不知犯了什麼罪，原本拿錢和警察說好了，先用繩子綁住，到火車站時，警察會開槍，但要他們兩人盡管往前跑，沒關係。到時兩人果然拚命往前跑，結果槍一開火，卻準準命中要害，當場死了。這件事本來我們都不知道，第二天他們家人去收屍，一邊哭一邊說，大家才知道個中原委，風聲才傳出去。臺灣人終於曉得中國統治和日本統治是大不相同，是改朝換代了。

剛才藍火土講的「番薯王」，二次大戰時和我一起去當日本兵。番薯王是基隆的碼頭苦力，也算是很乾淨的流氓，愛賭博，不會魚肉鄉民。我也曾聽說番薯王他們在自己家門口，八個人排成一排，全部被開槍打死。至於是什麼事而槍殺，我們也不知道，當時要殺人，簡直不需要什麼理由和罪名。

另外，七堵二二八事件的死難者許清風，是我的好朋友，一九三七年，我十八歲，他十七歲，我們初次入社會，一起在五五番社監督洗沙金。後來我們又在桃園的礦坑同事。我是公學校畢業，許清風工作了一陣子，又回去讀土木職業學校。他畢業後結婚，生一個兒子，就是許照武，沒多久夫妻離婚。我二十三歲當日本兵回來去找他，見過他太太。許清風的父親許黑棕親口告訴我，許清風被捉去在七堵火車站時，兵仔還叫他父母親來看，當場槍斃許清風。臨死前，許清風對天大喊：「天呀，地呀，父呀，母呀！」許父答曰：「兒呀，老父我也沒辦法呀！」槍決現場有目擊者，就是從前七堵區長許朝木的兒子許慶豐。二二八事件後，我從山上逃亡回來，又經過一個多月，在愛三路遇見黑棕，他才告訴我當天的情形。

許黑棕說，日治時代末期，許清風在七堵製紙會社當管理員。一年多後，國民黨的兵仔說他們接收時有貪污，就把他兄弟兩人，許清風和許清榮綁在倉庫裏。許清風的母親跪在兵仔前面，哀求他們手下留情，不要兩個人都殺，留一個給他們許家做種。結果有一兩個兵仔比較軟心，半夜偷偷放了許清榮。許清榮摸黑逃往七堵製紙會社後面，涉過基隆河，兵仔在岸上開槍，沒有打中。逃命後，許清榮不敢再住七堵，乃搬去士林住。

許黑棕說，兵仔有向他要錢，但是他錢不夠。我後來聽別人說的，許清風在製紙會社和兵仔有衝突，後來兵仔乘機生事，公報私仇。後來我又聽黃水柳——他是許清風和我的長輩，他說，是錢的問題，哎，當初花錢換人就沒事了。

我們這一代的人，可以稱之爲「二二八時代的人」。以我而言，二十六歲時，日本戰敗，二十八歲時，二二八事件發生。那時候，我們沒有人料想得到中國兵會用那種手段殺人。日治時代，大家守法成性，警察叫你去派出所，若有事情，你跑不掉，若沒事情，說說就可以回家。誰知道中國兵仔不是這樣，叫你去，就一去不回，有的還一卡車載去，也不回來了。臺灣人有史以來第一次遇到這種事，兵車在路上駛著，叫你上車，載了就走，從此不知去向。臺灣人在二二八時會死那麼多那麼慘，也是因爲這樣：守法，又不知驚。

說來可憐，我們老人會裏一個何先生（他怕事，故隱其名）他說，當時他任職海關工作船，每日要在港內來回數次，見到海面浮屍累累，淺水碼頭、牛稠港、仙洞、哨船頭、三沙灣、濱町、社寮島等海面，到處浮屍，慘不忍睹。有時用鐵絲綑縛，也有用索仔綑縛，浮在海面，亦有被置在岸上，屍身已經發臭，眞是駭人。我說，你應該將此實情告訴張炎憲博士，留作後日之歷史。他嚇得要死說：「你要去死，你自己去，不要連我亦拖去死。」意思就是說，若說此話，會被國民黨抓去砍頭。如此駭怕國民黨的人非止何先生一人。更有人說選舉時要投票給黨外或民進黨，明知圈票處無人窺見，也怕得手發抖。臺灣人在二二八時被殺得驚破膽，更被白色恐怖嚇得連屁都不敢放。

瑞芳

莊協和：以前我們家族大都是教育界的人，二二八以後，漸漸就換途轉業了……（宋隆泉攝）

莊木火（瑞芳小學校長，死難者）

受訪者：莊協和（莊木火之弟）
莊聰智（莊協和之子）
時間：一九九二年十月四日
地點：臺北市莊宅

訪者：張炎憲、高淑媛、胡慧玲
記錄：胡慧玲

三月十六日，國軍到瑞芳的宿舍要來捉大哥。大哥恰巧不在，兵仔捉不到人，就把大嫂和三個小孩捉走了。大哥回來後，覺得奇怪，爲什麼小孩都不在家。鄰居說，都被國軍捉去分局了。大哥說，怎麼會這樣呢。於是就去分局找小孩。國軍放了小孩，卻扣留了大哥。

我一聽到風聲，立刻趕路回家，走了三天三夜回到瑞芳。回到瑞芳，看到我家外面圍了好多國軍。那時我姊姊當老師，住學校宿舍，大哥的屍體已經停放在姊姊的宿舍。國軍圍著宿舍，不讓我進去。我說，人都被你們打死了，看看屍體都不行嗎？

一、莊木火的故事

我是莊協和，今年八十三歲。二二八事件中死去的瑞芳小學校長莊木火，是我大哥。我大哥莊木火是一九〇三年出生的，日治時代讀瑞芳公學校、臺北國語學校（現在的臺北師範學院），畢業後當老師，教了二十幾年的書，後來轉到瑞芳庄役場，做了六年的社會課長，又調去貢寮庄役場做了五年的助役。宜蘭市長明治先生想借調哥哥去，因爲有十二、三個人報名，必須考試。哥哥報考了，考取後就去宜蘭市當勸業課長，一直做到終戰爲止。

戰後，大哥回瑞芳區接任日本人的使役（教育督察），並接收金瓜石日本人小學校，兼任校長。二二八事件後，宜蘭線火車停駛。負責接收羅東、宜蘭的北區營林所所長王祝裕和中央的教育處詹過，事件前住在宜蘭，到了瑞芳，因爲交通中斷，沒火車坐，就到大哥家來借住。大約住了四、五天，火車通了，他們兩人要離去時，大哥正四處奔波，去平溪一帶，並不在家。王所長等人留下一封介紹信，希望大哥有空時去臺北找他們。

三月初，瑞芳戲院有二二八處理委員會的演講。那時候，時局正亂，人心不定，鬧哄哄的。大哥上臺對大家說，大家都是祖國的人，不要吵架，一起想辦法來解決。祖國的人來了，我們一定可以比日治時代還要好。

大哥在教育界工作很久，臺下大部分都是他的學生，他講話還有些效力。

當時臺下有一個姓劉的外省人，是瑞芳區的總務課長，爲了欠薪的事，曾和大哥在辦公室拍桌子吵架，很氣大哥。他就跑去向王區長告狀，說，莊木火這個人有問題，二二八處理委員會全場都是他的學生，隨他控制指揮。

王區長說，哪有這回事，莊木火平常看到地方上的外省人沒米吃，都還會拿米出來救濟。

三月十六日，國軍到宿舍要來捉大哥。大哥恰巧不在，兵仔捉不到人，就把大嫂和三個小孩捉走了。大哥回來後，覺得奇怪，爲什麼小孩都不在家。鄰居說，都被國軍捉去分局了。大哥說，怎麼會這樣呢。於是就去分局找小孩。國軍放了小孩，卻扣留了大哥。

那幾天我正好不在家。九份一帶缺米已久，我去臺中烏日買米。那天，我正好從烏日回來。火車開到板橋，就停駛了。我揹著米，從南港深坑那裏，翻山越嶺經冷水坑要回瑞芳。走到四腳亭燧道時，遇到瑞芳的朋友。他說，你怎麼還在這裏，你不知道嗎，你大哥已經被打死了。

我一聽，立刻趕路回家，走了三天三夜，回到瑞芳，看到我家外面圍了好多國軍。那時我姊姊當老師，住學校宿舍，大哥的屍體已經停放在那裏。國軍圍著宿舍，不讓我進去。我說，人都被你們打死了，看看屍體都不行嗎？

國軍於是押著我進去看屍體，還限時間。進房後，我和姊姊等人商量如何是好。結論是，事到如今，人都已經死了，也沒辦法，先辦理喪事要緊，其他的，以後再說。

就連我們辦喪事，國軍也限制很嚴厲，參加喪禮的人不能超過五十人等等。

三月十六日那天，國軍在瑞芳總共捉了七個人，其中只有一個是流氓，其他都是老實人，像是做生意的、陳姓賣雞者、做電工的，還有一個姓白的等等。每個人都開一槍，大哥卻開了三槍。槍斃後，大哥身上的手錶、眼鏡、皮鞋、風衣，全被剝得精光。

後來我聽說，大哥從分局被捉去槍斃時，曾經從家門前經過。如果大嫂記得把那張王祝裕和詹過寫的介紹信給他們看，說不定可以救大哥一命。

大哥死後，我曾去臺北找王祝裕和詹過，拜託他們兩人。他們說，我幫你寫狀子，你們去法院按鈴申告。後來我遞狀子去申告了，但是並沒有用。

大哥是很有天分的人，國語學校畢業後，曾去日本早稻田大學文學科讀書。當教員的時候，屬於文官，可以佩刀。那些刀在二二八事件後統統都丟了。至於他的畢業證書、照片、筆記本和文件，因為母親害怕又出事，不知道收到哪裏去了。再加上我們在瑞芳區爪峯里蛇仔形七番地的老家，經過幾十次颱風，老屋倒塌，東西就漸漸沒了。大哥的兒子莊典峯搬去宜蘭，搬家搬了幾十次，現在再也沒什麼東西留下來。

前一陣子聽說有一張照片找到了。戰時我去海外當兵，出發前和家族朋友鄰居合照，那張照片，我的外甥女留了一張，找了好久，終於找到，那是大哥目前唯一的照片。

二、莊協和的故事

三月十六日那天，他們被綁在瑞芳公園現在的瑞芳市場那裏，當場槍決。
（宋隆泉攝）

二二八事件後，大哥死去，全家人在驚惶中過日子，我也不太愛參與公共事務了。從此也不去公家機關，沒必要，也害怕。大哥死了，母親只剩我一個兒子，如果我再被槍斃，怎麼辦。如果不是這層顧慮，當初我就留在海外不回來了。

終戰後，二二八前，我去過幾次海南島。那裏都是女人做夢，男人很好命。男人整夜看戲，看到天亮，白天就睡覺。我本來想在海南島開碾米廠，因爲惦念著母親，最後還是回臺灣。

大哥死後，我辭去工作。以前我們家族大都是教育界的人，後來漸漸換途轉業，小孩也不愛唸書了。

日治時代，我們家是國語家庭，全家改日本姓名。大哥是宮本爲邦，我叫宮本森邦。我是大正元年，也就是一九一二年出生的，就讀瑞芳公學校六年，高等科兩年，又讀八堵中學校三年，那是國語家庭才能讀的。畢業後，我去顏家的臺陽公司做事，監督掘金和交貨。臺陽全盛時期，員工有三百人。

青少年時，我也參加過「臺灣地方自治聯盟」和基隆地區的「文化協會」，事實上我十九歲就參加青年團。大哥不會參加，他只管教育，常常罵我「雞婆」。日治時代，日本人很苛刻，平常大家講話很不方便，集會時，大家才講幾句話，他們就叫停。因此大家事先要準備好，你講哪一段，他講哪一段，開會的時候，你三句，我五句，每個人的話湊起來，才能把事情的來龍去脈講清楚完整。

事實上，我很小就參加文化協會。因爲年紀小，辦演講的時候，要負責排椅子提茶水，然後「臭日本警察」就來找麻煩了。我參加青年團的時候，前一天辦活動，第二天到學校上課，就要「站圈子」——罰站。雖然如此，我還是喜歡去偷聽偷參加。

那時候，「柳枝哥」是我們基隆地區的宣傳部長，經常被抓去坐監。我只是普通會員，沒什麼麻煩。就是雞婆，愛聽演講。

我聽過的演講裏，蔣渭水很能講，講海內外的事情，很敢講。但是他們的路線之爭、派系之爭，我並不清楚。戰後蔡培火、高玉樹的演講，我都聽過。蔡培火蔡大砲比較多土話，高玉樹比較文雅，我比較愛聽高玉樹。高玉樹選臺北市長的時候，我們幾個朋友去大直聽，聽到十點多，最末班火車都開走了，沒辦法，只好在松山住旅館，住了一夜才回家。

一九三九年四月二十一日，我去當兵，被調去當三年半的軍伕。到中國之後，我在廣東通過考試，做軍屬，當經理，管出納。那時日子過得很舒服，又可以佩刀，決定每個部隊要發什麼物件。之後，我又被調去澳門、上海、海南島、香港、新加坡、越南等地。戰爭時，我沒有辛苦過，不愁吃不愁穿，只學了些壞習慣。比方說，衣服髒了，懶得洗，就換下來，折一折，放架子上，再拿新衣服來穿，髒衣服給別人。一九四一年十二月八日大東亞戰爭前，我回到臺灣。逗留海外戰區多年，有個後遺症，處在大砲聲中久了，耳朵重聽。大東亞戰爭發生後，我去高雄州林邊大樹腳做防空壕工作隊隊長一年多。

後來我考進《興南新聞》當記者。《興南新聞》的發行人是呂靈石先生，文化協會的幹部，戰後當臺大教授，我在《興南新聞》一直當記者，當到終戰，一直到二二八事件，家裏出事後，才改去開金礦。

我在《興南新聞》當記者時，負責宜蘭市政府社會課、教育課和民間社團的報導，配有正式的採訪證。在蘭陽最淒慘的經驗是，一九四四年夏天，一個月有三次大颱風，濁水溪橋樑被沖毀，頭城的大樟樹被吹倒，蘇澳港的船被吹到花蓮去，電線桿和街道也毀了。我在宜蘭當記者，又兼營業部的工作，颱風一來，報費收不到，很慘。

《興南新聞》的前身，是林呈祿先生的《臺灣新民報》，但是我和主要幹部並沒有往來。我曾參加過蔣渭水的葬禮，所謂的大衆葬。當時在三板橋火葬場，就是現在的五常街第一殯儀館。出殯時，主動送葬的人山人海，海外許多人專程回臺參加，特別是抗日分子和文化協會的人，幾乎都參加了。

我在《興南新聞》當記者的時候，出門坐火車，可以坐二等車。當時一等車是臺灣總督的專車，用時才特地掛上去。我大兒子五歲時，我就帶他從臺灣頭到臺灣尾，逛了一圈。有時宜蘭沒東西吃，還坐車去臺南，吃一吃才回來。坐巴士，憑記者的名片，就可以免費搭車。

每家報社只有幾張記者證，給合格的記者。每年核發一次，那張紅色的派司，使我臺灣南南北北，走得很徹底。終戰前，我因爲去海外充軍，瑞芳庄役所還招待我們去日本遊覽了十四天，去北海道、東京、京都、神功神社、金閣寺、銀閣寺等等。當時我不認爲日本會戰敗，事實上日本只是空軍海軍戰敗，陸軍一直沒敗過。

我們莊家這一代就大哥和我兩個兄弟，還有三個姊妹。父親不識字，我們這一輩才開始讀書。以前祖先到臺灣，買了一些地，後來土地產金，他們掘金維生。我們這輩的人，已經不會做田，土地就給親戚做田，也沒租契。以前颱風多，收成差，做田不划算，有時連工錢都不夠，我們都是懇求他們做。三七五減租之前，我們在十分寮附近大約有二甲的田和山，都是祖田，不曾分割。後來三七五，田就被耕種的人徵收去了。以前我們歡迎陳誠來，結果他一來就弄了三七五減租，弄得我們片田不留。

戰後，我對國民黨在臺灣接收的種種惡劣情況，並不訝異。戰時我去過大陸，對他們的情況，略知一二。事實上，戰後，還是我教大哥講北京話的。我在日本買了一架錄音機，教他講。總而言之，日治時代我們覺得日本政府很嚴苛，戰後，中國人來統治臺灣，大家才知道中國人更惡霸。在日本人的統治之下，我們還有個「抽退步」，中國人的統治之下，幾乎沒有。

以前言論沒開放之前，我不太講政治，怕小孩子聽了，去外面亂講，惹麻煩。現在不一樣了。我兒子莊聰智是民進黨籍，我贊成他參加民進黨，關心政治，前幾年尤清選縣長，我也拚命去拉票。現在言論比較開放，我才肯說，否則太麻煩了。

胡學文：我每天幫哥哥送飯到牢裏，直到有一天，路人說，送什麼飯，人都死了……（宋隆泉攝）

胡木土（礦工，死難者）

受訪者：胡學文（胡木土之弟）
胡明德夫婦（胡學文之子）
時間：一九九三年八月十一日
地點：板橋市胡宅

訪者：張炎憲、胡慧玲
記錄：胡慧玲

母親馬上趕去瑞芳公園行刑處看大哥，看到大哥的頭被子彈貫穿而破，她一個人，沒辦法扛，只好傷心返家。大哥在瑞芳公園陳屍一夜，第二天母親拜託幾個猴峒的朋友去領屍時，不曉得是被狗咬走，或是怎樣，頭已經不見了。所以我們搬回家的大哥屍體，是一具無頭屍體。

我是胡學文，一九二五年出生，今年六十九歲。我大哥名叫胡木土，大我八歲，是一九一七年出生的。我們是十分窮的人，小時候搬到猴峒，在猴峒住了幾十年。那一帶的人，大抵都是礦工。父親、大哥和我，都是做礦的，做李建興的礦坑。父親四十二歲時，做礦死於「著沙」——中暑。所以，我沒上學唸書，十二歲就開始做礦工。

二二八事件時，我在猴峒做礦工，大哥在瑞芳做礦工。情勢黑烏烏，很亂，做工也做一陣停一陣。那天，大哥和一個姓林的朋友，相約去九份做金礦——第一天上工，結果在猴峒的半路上，就被國軍捉去瑞芳分局。

大哥被捉到瑞芳分局以後，牢裏沒飯吃，我們還要送便當去給他吃。那時我還要做工，每天早上走四、五十分鐘的路送飯去，大約送了十幾天的飯。

直到有一天，我送飯去的時候，路上的人對我說，送什麼飯，人都死了，送什麼飯。他們又說，大哥已經被槍決在瑞芳公園的大樹下。一共有十幾個人被捉到公園那裏——現在的瑞芳市場，綁在大樹下，就地槍決。

我一聽，也不敢去看個究竟，立刻飛奔回家，告訴母親。那時候，情勢很亂，壯年男子出門是很危險的事，動不動就會被打死，在街上走，常常要雙手舉得高高的，好像要投降的樣子。母親是女人，又是老人，比較沒事。母親趕去瑞芳看大哥，看到大哥的頭被子彈貫穿而破，她一個人，沒辦法扛，只好傷心返家。大哥在瑞芳公園陳屍一夜，第二天母親拜託幾個猴峒的朋友去領屍時，不曉得是被狗咬走，或是怎樣，頭已經不見了。所以我們搬回家的大哥屍體，是一具無頭屍體。

瑞芳的二二八事件就是發生這個事件，十幾個人被捉到公園那裏，綁在大樹下，集體槍決。裏面有兩個猴峒的人，就是我大哥和那個姓林的。大哥死時三十歲，尚未結婚生子。瑞芳確實死了多少人，死了哪些人，爲什麼而死，我都不知道。那時候我們自身難保，連槍決現場，我都沒去過。

我們家總共四個男人，父親四十二歲，死於做礦中暑。大哥三十歲死於到礦坑上工的途中，二二八事件。二哥也是工人，二十二歲時，去臺東造路，跌落海裏死了。母親很傷心，但是命運如此，又還能怎樣。

我媳婦去年二月二十七日回瑞芳申請戶口名簿，發現戶口名簿上面，大哥的死亡記載被塗黑畫掉。我媳婦去公所問，公所的人告訴她說，那就是二二八啊。

石添壽：我們並不知道爲什麼他們兩人會被捉去，而且第二天就槍決。（宋隆泉攝）

石添壽（九份老麵店店主，見證者）

受訪者：石添壽
時間：一九九三年八月十四日
地點：九份基山街九份老麵店

訪者：張炎憲、胡慧玲
記錄：胡慧玲

那天九份鬧哄哄的，大家跑來跑去，說派出所那邊要槍斃「缺手憨東」和「憨青番」。許多人聽了，急急忙忙出門去看。我也跟在大人後面，趕過去看。就在電力公司的山路轉彎處，我站在山腰上遠遠看著。押著他們倆的人——應該是阿兵哥，拿著卡賓槍——那時我並不知道那就是卡賓槍，但是印象深刻，形狀記得很清楚，一直要到後來當兵時，才知道那就是卡賓槍。缺手憨東和憨青番兩個人被反綁，眼睛好像也用布蒙住，就在派出所的馬路旁，背後開槍，碰碰就地槍決。

我是石添壽，一九三六年出生，今年五十八歲，算是老九份的人。曾祖父以來，世居九份，三代以採金礦維生。我十六歲開始做金礦，採金業沒落以後，我先是在牡丹溪那邊開麵店，開了六年，搬回老家，開這家「九份老麵店」。在九份，除了路口那家開了四十幾年的「阿婆麵店」，我們這家是九份最古老的麵店。

二二八事件時，我十一歲。據我所知，九份地區死了兩個人，瑞芳那邊死傷較多。古時候我們稱呼人，都只叫土名和偏號，不知道身分證上的名字。二二八時，九份死的那兩個人，有一個人，他少了條手臂，大家叫他「缺手憨東」，有娶妻；另外一個人叫「憨青番」，是羅漢腳，沒結婚，兩個人是好朋友。

缺手憨東和憨青番，年紀約略三十歲出頭，身材不錯，滿粗大的。他們不是九份人，都是外地來的，不知道是哪裏人，平常大部分時間在金瓜石走動，有時候住基山里。九份原本人少，因爲開了金礦，才漸漸有人移進來。我們算是老九份，曾祖父帶祖父從老家十分寮來礦山，做金礦，我母親就是在這裏出生的。

現在金子是都挖光了，臺陽公司也沒做了，只留下一個事務所和兩個管理人向我們收租。這一帶的房子和店面，產權都屬臺陽公司。金瓜石的黃金歲月，大約是在我父親那個年代，也就是日治時代。到了我做金礦的時候，就漸漸沒落了，不行了。

缺手憨東和憨青番都是「兄弟」。以前做金礦，時機好，「兄弟」根本不必做事。兄弟來，大家就順手挖兩塊金塊給他們，說，拿去吧。兩塊金塊就可以吃一整個月了。做金礦的和兄弟的關係就是這樣，給點金塊，省得囉嗦，礦場也等於有人保護，少些問題。金礦的工作一般分三班制，日夜不停採礦，老闆只有白天上班，晚上就不在礦場。如果不給兄弟好處，夜裏他們來找師傅麻煩，也很費事。時機好的時候，員工或鄰居或朋友，都可以向老闆要金塊。大部分的老闆也很捨得給，不會太計較。但私人公司才可能這樣，政府的金屬公司是和師傅工人算薪水的，一天多少錢，其他免談。

以前做金礦的人，很會賺錢，也很會花錢。那時候，九份滿山滿谷都是酒家。今天採金礦，賣金子得了錢，還沒到家，錢就在這條街花光光。當時還沒有電話，先掏一點錢，把在街上玩耍的小孩子叫來，說，這些錢拿回去給你母親。其他的錢，沒有在酒家喝完用光，是不會回去的。幾乎每個人都這樣。

二二八以後，先是缺手憨東被兵仔捉去。那時我聽人家說，他被刑得很厲害，刑求之下，不得已只好把自己最好的朋友拖下水。沒多久憨青番也被兵仔捉去了。第二天中午，兩個人就被帶到派出所門口槍斃了。

那時我已經十一歲了，他們倆被槍斃的日期我並不確定。只記得前幾天聽說瑞芳市場那邊槍斃了很多人，沒多久，缺手憨東和憨青番也被捉去殺了。

那天九份鬧哄哄的，大家跑來跑去，說派出所那邊要槍斃缺手憨東和憨青番。許多人聽了，急急忙忙出門去看。我也跟在大人後面，趕過去看。就在電力公司的山路轉彎處，我站在山腰上遠遠看

派出所前的山路旁，成了行刑現場。（宋隆泉攝）

著。押著他們倆的人——應該是阿兵哥，拿著卡賓槍——那時我並不知道那就是卡賓槍，但是印象深刻，形狀記得很清楚，一直要到後來當兵時，才知道那就是卡賓槍。缺手憨東和憨青番兩個人被反綁，眼睛好像也用布矇住，就在派出所的馬路旁，背後開槍，碰碰就地槍決。

當時我並不覺得害怕。槍決後，我又從山腰跑下去，趨前去看槍決現場。我靠近仔細看，看到那兩個人趴著，臉朝地，動也不動，死了。

事件過後，也不曉得誰去收屍的。缺手憨東住的那間屋子，後來沒有人住。他太太在九份住不下去，終於不知去向。日子久了，小屋子的牆壁塌了，屋頂掀了，漸漸成了廢墟，到現在，只剩蔓生的雜草。

我們也不知道爲什麼缺手憨東和憨青番會被捉去，而且第二天就被槍決。二二八的事情，眞的很難講。那時我家隔壁住著一個人，偏名叫「生仔」，也是「兄弟」。二二八以後，別的兄弟去圍派出所，或做些有的沒的，不曉得他是怎麼看風頭不對，反而派一羣兄弟去把所有的派出所都保護起來。事件過後，他成了「有功者」，日子過得很好。這又怎麼說呢，我也不知道。

游美鑾：政府說要分級賠償，我不知道人命怎麼分級，一人只有一條命，怎麼分級？

（宋隆泉攝）

游竹根（金瓜石里長，死難者）

受訪者：游合（游竹根之妻）、游美鑾（游竹根之女）　訪者：張炎憲、高淑媛、胡慧玲
時間：一九九二年九月二十九日　記錄：胡慧玲
地點：臺北市游宅

我是游竹根的妻子游合。我去參加二二八音樂會的時候，聽他們在臺上說話，漸漸的，我的喉嚨尾就一直滿起來……，心肝艱苦。我常常夢見他，年輕的他，正在做事業，坐在辦公室的椅子上，等著發錢，很忙碌。夢中的他，就像很久很久以前的樣子……。

一、游美鑾

我是游美鑾，我父親游竹根是二二八事件中金瓜石地區的死難者。

我們游家祖先從大陸過來時，原本住宜蘭。祖父游阿秋到金瓜石自費開礦，開鐵礦、煤礦和金礦，賺了不少錢。礦場工人本來都是臺灣人，日治時代漸漸改用大陸來的人，像是廈門人、溫州人等，工人好多，有幾百人。小時候我看門口擠滿了人，在庭院排隊領餉。我父親游竹根是祖父的獨生子，生於一九〇九年，十七歲與母親呂合結婚，總共育有三男三女，生活一直很和樂。

游竹根（游美鑾提供，宋隆泉翻攝）

祖父在金瓜石開礦賺了錢，就回宜蘭買田，到花蓮開鐵礦和石棉礦，賠得很厲害，又把宜蘭所有的田賣光光。祖父回金瓜石做工程，包金瓜石礦務局的工程，兼做金礦。小時聽祖母說，金瓜石四分之三的工程都是祖父做的。祖父後來做保正，因爲家境相當富裕，在地方上也有聲望，地方上有困難，像是路壞了，橋毀了，都是來找祖父幫忙。祖父也當過臺北州的評議員，常常去臺北開會，家裏牆壁上掛滿了日本政府的勳章。日本政府稱我們是模範家庭，要我們全家改姓名，改姓秋津。改姓名是很嚴格的，學校的副校長還要到家裏來，訪問過後再報上去。副校長到家裏來訪問之前，我還教祖母要怎麼行禮，怎麼問候。

我出生那年，家裏正興旺。聽說那時候家裏的蠟燭臺，都是金子打造的，一對燭臺有好幾斤。戰爭爆發後，所有的金子都要交給政府，連祖母的金釦子都交了。祖母說，如果不去宜蘭買田，那些賺的錢可以在基隆或臺北買一整條街。因爲親戚都在宜蘭，大家叫去買，這麼一念之差，結果又在花蓮開礦賠光了。

記得我小學五年級的時候，大約是一九四二年，祖父被日本政府抓去關。就我所知，北部有李建興、李建和等人被抓，南部好像也有人被抓，都是抓一些有錢有勢，又有反抗意識的臺灣人。祖父被關在臺北的牢房，戰爭結束前沒多久，寃死於牢內。這件事我們應該向日本政府提出賠償，還祖父清白。

祖父那一代的人，學的是漢文，愛的是中國。表面上順服日本政府的統治，卻是心向中國。大東亞戰爭爆發，日本政府在金瓜石第一批抓了七、八個人，祖父就是第一批被抓的人。日本政府平常器重我們，卻又懷疑我們是國民黨的情報人員。別的事情可以講得通，政治這件事完全講不通。臺灣人在政治上毫無辦法，又不能請律師。政治這問題，臺灣人找誰，都沒辦法說上話。

祖父被關的時候，有自稱是獄方的人到家裏來，描繪祖父的長相，說可以幫我們帶錢帶衣服給他。當時我們心急，不疑有它，被這些類似監獄黃牛的人，騙了不少錢。祖父被關，家裏的事和工程的事，全部落在父親身上。家裏一直僱有祕書、辦事員、技術員，本來也有僱用日本人來設計工程，後來父親自己設計，送到礦務局給日本主管考核，然後再承包工程。小時候我常在家裏的辦公室，東看看，西看看，印象很深刻。

因爲我們家在金瓜石很有名望，對地方的貢獻很大，他們常找我父親去做金瓜石的防衛團團長、司令部的什麼長等等的。臺灣人有糾紛，或是做黑市買賣人被日本政府抓去，馬上來找父親幫忙，馬上被釋放。

戰後，父親買下基隆的日本人的製材所，做檜木的。工廠好大，有四、五百坪。我們家就搬到基隆大華戲院附近，那時候叫榮華莊，父親則基隆和金瓜石兩頭跑。二月二十七日或二十八日那天，我已不太記得了，父親剛好去臺北採購建材。辦完事，準備回基隆時，在臺北車站看到有人打架。是臺灣人追著外省模樣的人在打，還用臺語問人說：「你是阿山嗎？」如果臺語講不出來，就追著打。父親生性好打不平，喜歡幫人解圍，在家鄉也常做這種事。當天看見外省人挨打，就趨前阻止，說，寃有頭，債有主，打人，也要找對人打，他們又不是壞人。

那天父親在臺北車站救了不少外省人。有的臺灣人還對他說，你是臺灣人，不要去管他們阿山的。但是父親就是看不慣。

二月二十八日那天，回到基隆，父親對母親說，妳不要出去，今天臺北有人打外省人。

平常我們家只講「外省人」，不講「阿山」。我曾經問過父親爲什麼，父親說，阿山是比較沒有水準的意思。

像我們受日本教育的人，做事規規矩矩，在基隆碼頭看到國軍來臺灣的那種樣子，我們比較不能習慣。但是戰後到金瓜石礦務局接收的外省人，那些課長級的人，有時會到我們家裏坐坐，大部分是杭州人、蘇州人等等，斯斯文文的，又有學問。所以我們不叫他們阿山，叫外省人。

那時候，父親在基隆的製材所有一間空倉庫租給一對母女住，女兒在電信局做事，母親在外面幫人家洗衣服。有一天，她母親急急忙忙跑來告訴我們說：「叫老闆不要出去，現在基隆的醫生、頭家，都被抓走了，很危險，叫老闆不要出去。」父親正在金瓜石，後來他聽見人家的傳話，也不以為意。他說，他不是流氓，也沒做壞事。父親照樣往返於基隆金瓜石之間。事隔那麼多年，我仍然覺得很感動，當時我們一點警覺也沒有，但是房客卻替我們好耽心好緊張。

國軍為什麼要來抓父親，我並不清楚。好像是二二八事件後，有九份的人去金瓜石搶的樣子。後來部隊開到金瓜石，那些外省人向軍隊報告他們被搶這件事。部隊就叫地方上的頭人出來，負責找壞人，頭人就是我父親。他們要我父親去叫那些流氓出來，把刀槍交出來。那時候父親在基隆，他說金瓜石不會有這麼大膽的人去搶人家，他也不會允許金瓜石有人這樣做。父親想出去解釋說金瓜石沒有這種人。可是基隆的親戚說，千萬不能出去，現在已經抓好多人了。

後來部隊來家裏，告訴祖母說，如果里長（即我父親）不出去和他們開會，交出流氓，他們就要放火把金瓜石燒掉。

怎麼辦呢，出去也不是，因爲交不出流氓，不出去也不是，因爲部隊要放火燒里民。

後來父親覺得他不能不出面了。三月十七日那天早上，大約八點多鐘，母親就催父親出門。原本金瓜石並沒有駐軍，部隊臨時借用礦務局的會議室。父親去到礦務局。後來我們聽礦務局的辦事員說，父親去了之後，他們很快就聽到辦公室傳來父親被打得哀哀叫的聲音，又聽到部隊命令父親下跪，跪下後又繼續打的聲音。陪父親去的副里長趕快去找他在礦務局工作的親家公，找了六、七個礦務局的課長來幫忙。那些課長知道父親是事業家，不是流氓，聯名要替父親作保。

聽說當時是一個湯參謀，或是湯營長我不知道，對那幾個課長說，你們幾個課長，能夠保證他家沒有刀槍，他那里沒有刀槍，或者可以保證他們都可以交出來嗎？課長們一聽都傻住了，他們說，沒辦法保證。

湯營長就叫人把父親押到外面公路局車站廣場，當場就槍斃了。

今年八月，我去開同學會。有一個當年不同班的同學告訴我說，他的鄰居當時在礦務局當工友，那天士兵把父親綁起來，叫那個工友牽父親到外面去。工友以爲牽到外面去，就是要放父親走的意思。結果不是，在車站那裏，兵士叫父親跪下，當場開槍打死。那個工友說，他簡直嚇死了，回家後，兩三天都吃不下飯。

槍斃後，國軍並沒有通知家人去收屍。是家裏的工人跟著去看，才把屍身抬回來。屍身抬回家時，祖母哭得死去活來。誰知道她兒子早上八點多好端端出門，九點多十點，就是一具屍身抬回來。

父親是被一槍打中心臟。那件染滿血跡的西裝，母親保存了好多年才燒掉。那天我人不在金瓜石，是親戚來報，才立刻趕回家。進家門時，還沒有蓋棺，可以見了父親最後一面。幫父親「做七」的時候，每天做飯祭拜，我常聽見父親的腳步聲，一聲聲一聲聲由遠而近。副里長是我乾爹，他太太是祖母的乾女兒，就是他帶父親去部隊的。父親死後，祖母天天罵他，不准他和他太太上門。祖母天天哭，哭了一年多，哭得中風，第二年就去世了。

父親的死亡證明書是這樣寫的：「查本里住民新山路七十一號係二二八事件經于民國三十六年三月十七日在金山里道上槍決行刑死亡屬實無訛特此證明瑞芳鎮金山里副里長楊樹民國三十六年十一月二十六日瑞芳鎮戶籍室主任李」。

現在想起來，父親死得眞冤枉眞可憐。哥哥至今仍然埋怨母親，爲什麼讓父親去送死，爲什麼不阻止他。中國人那麼不講道理，又殺了那麼多人，爲什麼要讓父親去呢。哥哥至今也恨，一講起外省人就恨，講起二二八，就受不了。

二二八事件後，部隊在金瓜石就殺我父親一人。其他地區，我完全不清楚。我有一個同學住基隆碼頭附近，早上起床，從三樓看下去，碼頭岸旁，跪了一排大約六、七個人，士兵砰砰砰朝著他們開槍，那排人應聲掉到海裏頭去了。聽說殺人的事情大都發生在碼頭和現在的市政府那邊，但是我都沒去看過。

大哥十四歲時被父親送去日本讀書，戰後在美國領事館當翻譯，常常住臺北。父親死後，大哥回金瓜石，幾個長輩看到他，就哭了，說父親不應該出來的，部隊要放火就讓他們放火，他們眞的敢燒嗎？

祖母哭得中風之後，大哥辭去領事館的工作，回家照顧祖母，天天替她打針。哥哥接手父親的工廠，因爲不熟，後來就賣掉了。以前家裏是祖母當家，母親什麼都不會。父親死後，全家沒有收入，靠變賣家產過生活。家產變賣得差不多以後，有一段時間靠親戚朋友接濟。金瓜石是母親的傷心地，她後來把房子頂給親戚，我們就此搬離金瓜石。

母親曾經在電信局做過接線生，嫁到游家以後，家裏一直有很多佣人，她什麼家事都不會做，此後她什麼事都要做。家庭遭此變故，祖母和母親是最傷心的人。游家已經單傳，祖母的丈夫死於日本人的政府，獨生子又死於祖國的軍隊。但是祖母年紀已大，可以哭，可以罵，可以發洩，母親卻什麼都不行。

我先在中山北路開裁縫店，後來又開委託行，賣一些港貨，然後認識我先生。他是江蘇人，孤兒，那時候在中山北路的警察機關當公務員。結婚時，他並不知道我是二二八事件的受難家屬。母親本來反對我嫁外省人，以前母親和哥哥住，這二十幾年來因爲我哥哥在臺灣和日本兩邊住，所以母親就來和我們住，已經二十多年了。

有時候我也會和我先生爭論，我說，他們的軍人很野蠻。他也同意。日治時代，樣樣事情很清楚，被日本警察掠去，問一問，就明白發生什麼事，應該怎麼辦。戰後實在太亂了，樣樣都沒規矩了，我們也不曉得怎麼辦好。

父親的事，我一直很不甘心。以前沒處申訴，甚至連提都不敢提。以前蔣總統在的時候，誰敢提這件事。現在是因爲改朝換代了，換了總統，又有民進黨，才可能這樣。

二二八事件以後，沒多久，我們就搬離金瓜石和基隆，漸漸和親戚朋友沒有往來。死得這樣不明不白，彼此都怕連累。這種情形，和祖父那代一模一樣。雖然搬離那個環境，覺得陰影始終不曾離去，覺得很難過，覺得沒面子，頭抬不起來，有冤無處訴。很恨，要恨又無從恨起。要恨誰呢？當初如果不去開會就好了，再遲幾天就沒事了。

我去參加過二二八事件家屬的聚會。有的家屬，老的老，過世的過世，有的受難家屬後來已經改嫁，不願再提起。我曾去參加過聚會，旁邊坐了一位家屬，住在廈門街，以前的川端橋附近，她丈夫原本是做田人，那時候才二十幾歲，被掠去，三天就槍斃掉。還有一位是帶了三十幾萬去買糧食，在路上錢被搶了，人也被弄死。

政府說要分級賠償。我不知道生命怎麼分級，一人只有一條命，怎麼分級？我父親是爲了保護地方上人民生命財產的安全，才被騙去開會，屬於第幾級呢？

我希望，政府能夠交代清楚，我父親爲什麼死，爲什麼不明不白的死。他們要還我父親的清白，要道歉。建碑當然是要的，賠償也不能沒有。父親死時三十九歲，正當英年。四十幾年來我們家屬精神上所受的損失，其實是無從賠償起的。但是政府必須要有誠意，要給老人家安慰。母親現在每個月的醫藥費必須幾千元，但是她四十幾年來受的苦，不是幾句話說得完的。

我到現在還沒去登記。有的家屬擔心，說政府到目前對二二八都沒有明確的態度，叫我們去登記，會不會登記之後，又照名單來一次白色恐怖。我想應該是不會。我們都已經家破人亡，他們應該要停手了。但是政府到底是要道歉、建碑、還是賠償呢。

今年的二二八紀念音樂會之前，有親戚看到報紙新聞，打電話來告訴我。我輾轉詢問，才聯絡上二二八關懷聯合會，他們邀請母親去參加。

游竹根之妻游合。（游美鑾提供）

我母親已經八十五歲了，身體不好，守寡四十五年。那天我特地陪她去參加，平常她大概晚上八點多鐘就睡了，那天還撐到十一點多快十二點，才回到家。

我希望，政府能對我們受難家屬有明確的交代，讓母親有生之年得到一點起碼的安慰。她今年已八十五歲了，受了那麼多的苦。

二、游合

我是游竹根的妻子游合。我去參加二二八音樂會的時候，聽他們在臺上說話，漸漸的，我的喉嚨尾就一直滿起來……，心肝艱苦。我常常夢見他，年輕的他，正在做事業，坐在辦公室的椅子上，等著發錢，很忙碌。夢中的他，就像很久很久以前的樣子……。

游竹根

萬里

王添福：國民黨麻麻痺痺，這幾年被民進黨一攪，才開始說二二八。（宋隆泉攝）

林阿土（礦工，死難者）

受訪者：王添福、林陳柑（林阿土妻）
時間：一九九二年十一月廿五日
地點：萬里鄉王宅

訪者：張炎憲、胡慧玲、高淑媛
記錄：高淑媛

過一會兒，楝艮才開口，對我說：「坐呀，你坐下，沒關係，你又沒參與，沒你的事，你坐下，讓他交代，看有什麼事要說。」我問阿土，有什麼話要交代，阿土說：「我如果死，阮家的神明公媽拜託幫我留著；我的屍體，隨便用草蓆捲捲就好。」

王添福：我叫王添福；二二八受難的林阿土，是我的妹婿。李木春、許棟艮和我在日本時代是很好的朋友；另外一個叫邱德發，聽說現在住基隆，還有一個姓羅的，做過警察，也在港務局工作過。這些人知道我妹婿清明晚上回來，去叫人來掠。

我是一九一三年生，我的爸爸王進發，媽媽沈炳；我爸爸在我七歲時死去，我們家窮，我媽媽又嫁陳石義，我跟媽媽來陳家。我媽媽後來沒再生子女，領養了兩個女兒，陳柑是其中一個，她就是林阿土的妻子。我瑪鍊公學校畢業，在結婚前，大部分時間在九份金礦工作，結婚後，做了一陣子，回家參加壯丁團。二二八之後，出外到基隆謀生，做過礦工，賣東西。

林阿土是萬里鄉人，一九二三年生，是萬里瑪鍊煤礦挖煤工的老實人。二二八前後，大家都沒米吃，連我也是；一九四七年年頭，保正弄了一本名簿，叫我們簽名，要阻止政府出口金山的米；金山是米庫，萬里人吃米都吃金山的米，金山米若載光，萬里人就餓死，保正叫我們簽名，要在萬里擋住從金山載往基隆出口的米。那時我米甕底還有一點米，沒去簽名，保正是我的換帖兄弟，罵我怎麼不去簽名，不怕沒米吃嗎？我不得已就簽了。

金山米被擋在萬里鄉，押米的少尉，把米統統載走。萬里一個少年仔，叫鄧金明，屬日本時代壯丁團，在空襲時，到處去通知居民逃到防空壕，大家電燈要關掉等等。鄧金明找大家去擋米，也叫我去；結果鄧金明被關了幾夜，大家都很著急，去基隆要塞司令部找位少尉將官，救他出來。

我們這裏日本時代的地名，是基隆郡萬里鄉萬里加投二瑪鍊港口六十一番地；前面那條溪是瑪鍊溪，日本時代帆船可以行駛到這裏。

在二二八之前，阿土沒有工作做；那時連警察都在揩油了，何況這些失業的人。阿土年紀也輕，不艮少年邀著去拿糖、拿包米，賺個百來塊錢，就已經很好，很高興了。

那晚，事先就有人知道要捉他，有人對他好也有人對他不好，有人來說叫他跑，他逃到番仔艋舺山，這座山曾經有架飛機墜落，金子掉很多，人也死很多，這是戰後不久，國民黨從大陸撤退時的事。我帶他去臺北古亭庄找我另一個妹婿謝阿發，謝阿發後來改名雪峯，日本時代做過保甲書記，戰爭時做陸軍通譯，去過大陸，戰後，與林水木丈人徐志剛、謝春木一齊從大陸回來。回來後謝春木去日本，徐志剛回臺灣主持基隆市黨部。徐志剛介紹謝阿發到中央訓練團訓練，中央訓練團只有三個臺灣人。謝阿發庄裏的人請他回來選市議員，當選，成爲職業議員。二二八時，謝阿發在中央訓練團，我說我們去那裏避難，到達番仔艋舺山時，剛好遇到很多人在那裏避難，大家招呼他留下來躲在這裏就好，他想這樣子也好，大家有伴，留在番仔艋舺山，沒有去中央訓練團。我回來之後，兩三天就帶著大麵、麵粉、麵線，送去給他們吃，被棟艮看到。棟艮和我是好朋友，他說：「添福，叫他回來，不會有事；不回來，我放火燒山。」我說大家都是好朋友，何必這樣。他說，出來好啦，沒什麼要緊；但我還是不敢讓他出來。清明節那天晚上他回來，剛好讓棟艮的太太看到，半夜三點多，棟艮帶警察來包抄。那時我們住的不是磚頭屋；裏面用竹子撐著，外面用泥巴塗的，屋頂用茅草蓋著，我睡在外間，他睡在裏間，警察不是從正門進來，而是從他睡覺的那間房間的牆上，挖個洞，三、四個人扒開闖進來，用手銬拷住他，當時，他要哭也沒眼淚。我不敢出去，我姊緊緊拉住我，她說，又沒你的事，你出去做什麼。

過一會兒，楝艮才開口，對我說：「坐呀，你坐下，沒關係，你又沒參與，沒你的事，你坐下，讓他交代，看有什麼事要說。」我問阿土，有什麼話要交代，阿土說：「我如果死，阮家的神明公媽拜託幫我留著；我的屍體，隨便用草蓆捲捲就好。」

李木春等四個警察後來都升官。我知道許楝艮升到刑事主任，任內歪哥，卸任後，到金山農會當主管，最後自殺死亡。許德發，基隆人，二二八後不久，辭掉警察，回基隆南榮路經營五金行，後來聽說到公所當課長；姓羅的後來到港務局管倉庫，可能也退休了。李木春住在十八王公，是石門鄉的人。

林阿土被掠之後，先送去金山，頭人仔來我家說，叫阿土不要供出其他的人，這裏的頭人會出力，保他回來；我沒有理睬。再過一夜，還是兩夜，農曆四月初八，野柳那邊通知當天晚上要在野柳海邊，以前野柳漁會門口廣場槍斃林阿土，叫我們去領屍。

當天晚上，風雨很大，我們沒有去，隔天才去領屍。到野柳，遇到一個住山上的老實人，說要先找阿兵哥說一聲；我們找野柳的保正，保正去跟阿兵哥說，兵仔說好，你們可以把人抬走，我們才敢把屍體抬回來。

後來有風聲傳出，說阿土他們偷拔水底電纜。日本時代的海底電纜是紅銅製的，戰後棄置在野柳海底，不良囝仔要向野柳的人買來出口，據說阿土他們拿電纜去賣，被兵仔看到，被捉。

憑天良講，林阿土和陳水可能不知怎樣得罪頭人，頭人仔打小報告。那個時候要打小報告非常簡單，任由地方頭人說好人就是好人，說壞人就是壞人；如果眞有盜賣電纜的事，其他的人怎麼都沒有事。

二二八之後，軍隊有進駐萬里鄉，我嚇得不敢出門，兵仔一戶一戶查。白崇禧的兵看起來較莊嚴，較公道，會說臺灣話，可以溝通。不像馬少將的陳儀兵，很番。兵仔多由基隆來的，查過萬里鄉，然後到金山、石門查。金山死的人比萬里多，八斗子也屬萬里鄉，也死了幾個人。

阿土被捉，我們也很痲煩，警察說我爸爸「窩藏重犯」，派出所常來我家囉嗦，捉我爸爸去關，說有罪；我們央求頭人保正林大朋、庄役場會計主任陳金、林益長議員等人去說情，才放回來。

我妹妹在阿土被捉時，才二十二歲，懷孕約七個月，後來生了一個女兒，一九五四年再嫁，一共生了一個兒子、六個女兒。我們是貧窮人家，沒做工就沒飯吃，很多往事，都忘記了。

陳水是海南島回來的，他去海南島做警察，這一帶有四、五個人去過海南島，他是一九四六年回來臺灣，沒有工作，沒有飯吃，那時還年輕，身手矯健，我不敢保證他沒做不法的事，可能人家來邀，他就參與。

陳柑：阿土的事情，他的女兒長大後，從親戚口中多少知道一些，我沒特別跟她提，畢竟我們是窮苦人家，賺錢吃飯要緊。

王添福：二二八這件事情，過去很少人公開講。國民黨疷疷痺痺，這幾年被民進黨一攪，才說二二八；三年前，如果提二二八，會被捉去關。

我在市場賣菜做生意時，有位女人家，挑自家種的菜在市場前路邊賣，國民黨大官說不好看，要趕；市場裏掃市場的外省人，拿掃把將那個女人的菜又掃又敲的，全蹧蹋掉。我很氣，看不過去，問掃市場的外省仔：「你二二八時打死幾個！」隔壁賣水果的少年仔很緊張，勸我說：「阿伯仔，不要這樣啦，會殺頭的。」殺頭我不怕，二二八時殺人的，明明是這些老芋仔，我這麼說也不算錯。一些做官員的國民黨仔，走過來罵：「阿伯仔，你亂來，敢說這種話。」我回他：「敢說又怎樣，臺灣人萬世都做奴隸！」他們也住口。我因爲這件事情，賭爛，才加入民進黨。我的五個兒子、二個女兒、孫子、媳婦都是國民黨，只有我一個民進黨，但是我一個管衆人，沒人敢在我面前作怪。

金山

郭冬樹：我在樓上親眼目睹副議長楊元丁被士兵拖去對面，當場槍斃，再一腳踢下碼頭。（宋隆泉攝）

郭呆仔（做田人，死難者）

受訪者：郭冬樹（郭呆仔次子）
時間：一九九二年十一月四日
地點：中央研究院社科所

訪者：張炎憲、胡慧玲
記錄：胡慧玲

三月十一日早上大約五點多鐘，父親就出門，要去看看在田裏守倉庫米穀的兩個弟弟。因爲前一天，金山有點亂，聽說有人要去接收分駐所，父親耽心弟弟會不會去參加什麼活動，是不是好好的。我們家務農維生，屋子就在田裏，倉庫在外面。父親不識字，身體又虛弱，根本不過問政治的事情。父親耽心弟弟，天才亮，他就出門要去看弟弟，走在田埂上，被躲在兩百公尺外茅草房的國軍用步槍一槍打死。父親中彈後，還跌落一人深的田裏。死時才五十一歲。

我是郭冬樹，金山人，今年七十歲。二二八事件金山地區的死難者郭呆仔，是我的父親。那時我在基隆市工作，也親眼目睹參議會副議長楊元丁被兵仔槍斃，然後被一腳踢下碼頭。

我是一九二四年出生的，金山公學校畢業後，先是在金山郵便局工作，做了兩年，因爲上進認眞，受日本人局長賞識和栽培，調我到臺北交通部工作。在臺北做了一年多，總督府一帶空襲很厲害，很危險，所以我又搬回金山，朋友介紹我去一家民營的汽車公司做車輛調度和總務，一九四四年調往基隆總公司。那家民營公司在二二八事件以後，一九四七年五月，被公路局併吞，變成公路局基隆站，後來又被華南銀行買去。

所以二二八事件前後，我單身在基隆上班，父母和三個弟弟都在故鄉金山。一九四七年三月九日或十日，詳細日期已不太記得，有個堂兄在瑞芳郡役所工作，到基隆來看我。那天下午，我帶他上街，想去菜市場買點東西。一進菜市場，忽然聽到砰砰砰的聲音，菜市場的人嚇得生意不敢再做，立刻把門關起來。我和堂兄也很害怕，趕快跑回公司。我服務的公司就叫基隆交通公司，總公司在現在的仁一路華南銀行那裏。那天大約五點鐘，我和堂兄跑回公司。街道上持續有機槍掃射的聲音，一直掃射到公司對面的信一路。從瑞芳開回來的巴士，也被國軍包圍起來。

我躲在公司二樓偷看外面的情況，正好看到基隆市參議會副議長楊元丁被士兵拖到對面，當場槍斃，又被一腳踢下碼頭。

我看了非常害怕，不敢出門，後來基隆發生什麼事，我都不太淸楚。只聽說兵仔大都是白天去捉人，晚上再捉去港口，綁上石頭，連人帶石頭去塡東七碼頭，活活塡海。後來中正路那邊軍方的營地賣給李建興，李家要蓋統一保齡球館，挖地基的時候，聽說也挖出六十幾具屍體。

三月十日，我還在基隆。後來我才知道，那天，國軍從淡水一路往金山掃射，那夜掃射很多人。我有四個同事，其中有兩個是兄弟，哥哥叫許榮宗，弟弟叫許丙丁，另外兩個同事是夫妻，丈夫名叫吳介一，淡水人，太太名叫高環，金山人。大約下午四點多鐘，他們四人走在金山街道，被一路掃射過來的國軍開槍掃射。許家兄弟行動較俐落，躲避及時，並沒有中彈。另外那對夫妻則當場被打死，當時太太已有孕在身，所以是二屍三命。另外金山有個鄉長，名叫許海亮，也被打死。

三月十二日早上，我還在基隆，遇到金山開來的卡車，卡車司機對我說：「你父親被打死了。」我一聽，很著急，立刻走路回家。從基隆走回金山，走了四個鐘頭。大約中午十二點左右，回到金山，家人已經送葬回來了。因爲大伯說，這種反亂，不曉得還要繼續多久，有好日子，先埋了再說。

我雖然一路趕回家，卻來不及看父親最後一面。

家人告訴我說，事情是這樣的：三月十一日早上大約五點多鐘，父親就出門，要去看看在田裏守倉庫米穀的兩個弟弟。因爲前一天，金山有點亂，聽說有人要去接收分駐所，父親耽心弟弟會不會去參加什麼活動，是不是好好的。我們家務農維生，屋子就在田裏，倉庫在外面。父親不識字，身體又虛弱，根本不過問政治。父親耽心弟弟，他認爲大淸早比較安全，天才亮，他出門要去看弟弟，走在田埂上，被躲在兩百公尺外茅草房的國軍用步槍一槍打死了。父親中彈後，還跌落一人深的田裏。死時才五十一歲。

父親死後，母親常常在憂愁中過日子。我一個人在基隆做事，二弟三弟在家做田。母親常常煩惱孩子小，我最小的弟弟那時才五、六歲，又煩惱孩子都還沒有娶媳婦，又煩惱年冬不好，收成差，怎麼活下去。

聽說金山總共被打死十三、四人，有的是在馬路邊，有的是在學校教書的老師，現在的核二廠那裏也有一位姓何的人死難，今年我在立法院聽證會曾經遇見他的家屬。萬里聽說也有死人，但詳情我不清楚。

二二八事件以後的戒嚴，眞的很嚴。公司裏有「五人連保」，每五個同事，你保我，我保你，只要一個人出事情，其他四個人都要負責任。我們都不敢太講話，二二八事件，或其他批評政府的事，我們都不敢講。除了公司的五人連保之外，民家還有「三戶連保」。

基隆交通公司被公路局吞併後，我也變成了公務員，一直做到一九七二年，屆滿二十五年就退休。像我們這種受日本教育長大的臺灣人，只會認眞工作，不會巴結上司做外交。他們又有省籍歧見，我們再努力工作，也不會陞遷。更重要的是，我沒有入國民黨。國民黨曾經要我入黨，但是我看到國軍那種樣子，很不喜歡，不想入黨。不入黨更不會陞遷了。所以一可以退休，我就退休了。退休後我做過砂石製造業，目前在瀝淸公司做事。

我是家裏的次子，大哥名叫郭淸臨，戰爭時死於海外。他是一九一八年出生，公學校畢業後，調去鄉公所勞務。後來又去臺北三角埔——就是現在的天母農業試驗所受訓，受訓三個月後，大約是一九四一年，調去新幾內亞。原本他屬於農業團，因爲戰事的關係，無法做農業團，才編入海軍。後來戰事激烈，漸漸和我們都失去聯絡。戰後大約一兩年，日本政府的內務省發通知來，說大哥已於一九四五年一月，也就是戰爭結束前約半年，病故於新幾內亞。

一九九一年，日本政府針對二次大戰日本兵做死亡賠償，賠了日幣兩百萬元給我們。

從前臺灣是日本的殖民地，做殖民地的人很艱苦，被殖民國徵調去海外當兵作戰。經過了四十幾年，日本政府卻主動賠償，根本不需要我們家屬去登記或者他們去調查。臺灣人當日本兵，戰時死了三萬多人，我們也不必拿死亡證書去登記，日本政府就主動造册，名册淸淸楚楚。什麼姓名，爲何死亡，在哪裏死亡，寫得一淸二楚。這是舊殖民國對待舊殖民地的態度。我們只要去對一下淸册，向臺灣的紅十字會申請，紅十字會處理後，大約兩個半月，賠償金就從日本的郵局寄來了。他們規定得很明白，理賠的優先順序是配偶第一，無配偶者，父母次之，父母俱歿者，兄弟姊妹次之，無兄弟姊妹者，直系子孫次之。但是只有一個當代表，其他人必須寫明放棄書才行。大哥並沒有娶親，沒有子嗣，我父母已逝，大弟死於六十七歲，二弟死於六十三歲，小弟今年五十幾歲，二二八事件時才五、六歲，所以，我們家由我代表接受理賠。

爲什麼舊殖民國可以做到這樣？戰後，政府無緣無故殺死我們的親人，至今四十幾年，旣不道歉，也不賠償。人死了都死了，我們還能怎樣？給哪個政府管，就是要順從哪個政府。戰前日本政府調我們去當兵，我們順從，就去了。戰爭結束後，我們以爲自己就是中華民國的人，政府有失誤，要道歉，賠償一點做心意，我們的恨就消了。但是總要給我們家屬最起碼的交代，道歉一定要，賠償當然也要。所以政府要我們受難家屬去登記，我也去登記了。現在才三百多人登記，因爲有很多人很害怕，不敢去登記，怕日後惹痲煩，怕又來一次白色恐怖。

事實上，何必要登記?只要比照日本政府的做法，只要誠意夠，一樣可以造册賠償，又何必要受難家屬去登記?

政府眞的會道歉和賠償嗎?我很懷疑。二二八事件的死難家屬，到現在，死的死，老的老，再嫁的再嫁，歷史教科書沒有記載，下一代的子孫也不太清楚這些事。我的子女就不太知道二二八的事，我想告訴他們，他們卻不太想知道，說年代已經那麼久遠。出來說話的人，實在太少太少了。

許榮文：我們連父親的屍體也沒找到，他怎麼死的，也不知道。(宋隆泉攝)

許海亮（臺北縣參議員，死難者）

受訪者：許榮文（許海亮之子）　　訪者：張炎憲、胡慧玲

時間：一九九三年六月九日　　記錄：胡慧玲

地點：臺北市楊光漢宅

二二八發生時，三月十一日左右，有一個孫排長，說要開會。他說要召集金山一帶的頭人，像是鄉長、參議員、金山國小校長及地方的士紳，在賴崇壁家開會。那時時局不安，我母親反對父親去，說，這樣去，好嗎？父親說，沒關係，只是開會而已。就去了。賴崇壁家離我們不遠，我沒有跟過去看。後來才知道其實他們根本沒有開會，就捉我父親一人。

父親的事情，對我最大的影響：此後我絕對不管政治。

我是許榮文，時任臺北縣參議員，二二八事件死難者許海亮，是我的父親。

父親去世時，才五十八歲。他讀過漢學，後來到臺北讀農業試驗所，算是金山的知識分子。日治時代，還沒有專賣制度以前，父親造酒爲業。剛開始時不太順，後來研發成功，事業大大發展。正要擴大時，政府卻把酒列入專賣。

戰前，父親在金山街當保正，戰後又當選鄉長和參議員，兩職只能擇一，於是父親辭鄉長職，專任臺北縣參議員。聽說，父親被國軍捉去以後，金山街仔內山頂和海邊的人，自動爲家父向天公起願，祈求他早日平安歸來。他們說，許海亮人這麼好，應該要活著才是。

許海亮（許榮文提供，宋隆泉翻攝）

二二八發生時，三月十一日左右，有一個孫排長說要開會。他說要召集金山一帶的頭人，像是鄉長、參議員、金山國小校長及地方的士紳，在賴崇壁家開會。那時時局不安，我母親反對父親去，說，這樣去，好嗎？父親說，沒關係，只是開會而已。就去了。賴崇壁家離我們不遠，我沒有跟過去看。後來才知道其實他們根本沒有開會，就捉我父親一人。

父親被叫去開會以後，就沒有再回來。我們四處探聽找人，但消息全無。後來我們才聽說，父親被押去基隆，三月下旬，就被鐵線反綁雙手，推下去塡海。四月底，我們還在打探父親的行蹤，其實他早已死了。

最後，我們連父親的屍體也沒有找到，怎麼死的，也不知道。聽說是被鐵線，像綁番薯那樣，丟到海裏去的。

家父對地方的服務和貢獻，老百姓是有口皆碑。後來我去日本開會時，曾有東京或大阪的同學或同鄉（戰後才去日本的）打電話來，請我吃飯，說，他父親也是金山人，當初受我父親照顧很多。

我是一九一七年出生的，在大阪藥學專門學校讀藥學，一九四七年任職於臺北市衛生院——現在的衛生局，做到退休，也在臺北醫學院兼任，從創校敎到現在，敎了二十九年。因爲我十五歲就去日本讀書，從小離開金山的緣故，家裏的事，並不很熟。父親失蹤後，大都是在基隆市政府工作的大哥許榮輝，忙進忙出，負責找尋父親的下落。

至今我並不淸楚爲什麼父親會死。哥哥曾去法院辦理手續，直到一九五二年十一月臺北地方法院才宣告父親死亡。

我們當中國人，覺得很光榮，也很悲哀。有錢有勢的人，耀武揚威，你拿他沒辦法，沒錢沒勢的人，生命像螞蟻，任人踐踏。

父親的事情，對我最大的影響：此後我絕對不管政治。

其他

林成枝：拍電報那件事，四十多年來，就這樣記在心裏面。（宋隆泉攝）

林成枝（裁縫師，見證者）

受訪者：林成枝、林太太、簡定春　　訪者：張炎憲、胡慧玲、高淑媛
時間：一九九二年十一月二十一日　　記錄：高淑媛
地點：基隆市林宅

通訊兵對曹先生說：「你幫我拍一個電報。」是用臺灣話說的，因為那時候國語大家都不會講。曹問：「你要拍到哪裏？」當時他是講要拍到北京、還是南京，時間太久了，忘記了。曹又問：「你要拍怎樣的電報？」他說：「你拍『臺灣造反』。」我就說：「臺灣沒造反，你怎麼說『臺灣造反』？」他說：「這樣拍過去，那邊的兵仔會快點來。」

一、家世與生平

我是一九二八年生，二二八發生當時才十九歲。

我讀的是日本時代公務人員養成所。臺北縣只有這一間學校較好，因爲當時臺灣人不能進去讀基隆中學。我只好白天去讀這個學校，晚上再回來基隆讀現在的仁愛國民學校高等科。養成所要讀三年，我讀到第二年，加入陸軍志願兵第二期。當時學校分發志願單，我塡寫後由老師收走。收走了以後，考上考不上還不知道；但我知道自已考得上，因我的成績一直不錯。我的部隊裝備很好，本來要到南洋，因爲海上交通被美軍封鎖，就留在桃園。在桃園機場的情形我記得很淸楚；每天看美國飛機來丟炸彈。

當兵的經驗，對我的做人幫助很大。我做警務員，我媽媽常說如果對別人好，別人也會對你好。我班上有三十個人去當兵，最優秀的人到陸軍部，我那班有十人到陸軍部，我是其中之一。當時美軍來轟炸，我們要挖槍孔和做掩體；沒有鋼筋，只有水泥，我們砍木材代替。日本的柴刀又長又利，兩三下樹木就砍倒了。班長帶我們去砍樹的時候，有一個業主站出來說：「這是我們的樹木，你們怎麼可以偸砍？」臺灣人只有我一個，日本人聽不懂臺灣話。班長問我說：「他說什麼？」我回答說：「他們說這樹是他們的。」我們十幾個人三個一組，很快就砍好十幾根木材。那個人很不高興，一直抱怨，我就跟他說：「這是國家要用的東西，你讓他們砍走；否則會被捉走。」他嚇了一跳。班長問我說什麼，我說：「這樹枝他們要生火用，樹幹我們拿走沒關係，樹枝留給他們。」士兵把木材拿走，事情就結束了。

有一天，上司命令要捉間諜。在一處碉堡的附近，有個人很可疑，我們就拿著手槍，帶著刀、手銬去捉人，那個人被拷上手銬之後，嚇得整個臉都發青。要押走時，我說：「等一等，沒有證實他是好人壞人之前，就把人捉去是不太好的。」班長很疼我，很聽我的話；我就去問碉堡的工人那個人在做什麼？他們說：「那個人是被雇在這附近巡山的，怕這山裏的樹被偷砍走了。」我跑過去向班長說：「這個人是巡山的人，不是壞人，請你把他放了。」班長對我說：「你願負這個責任？」我說：「我願意負責。」回到部隊後，我覺得不對勁，萬一他是間諜被捉到，我就慘了。

後來，我常去碉堡附近，聽到他說：「那個兵仔不知道是什麼人，那麼好心，放了我，那個兵仔年紀有多大多大。」在我一生中，做這件事令我感到很安慰。我這個人很笨，叫我說謊騙人，我也不會。

我父母是做西裝的裁縫師，在這裏開設聯美西服店，在基隆很出名，我是獨子，所以也跟著做西裝。附近的華南西裝社，是第一代福州人開的。西裝社由我爸爸開始做到現在，我退休不做已經有四年了。

我對政治沒有興趣，戰後，我不知道有國民黨，國民黨是什麼我也不知道。只知道他們的兵來時，拿著雨傘、背著鍋瓢走在路上，看起來好像是鄉下人來城裏遊玩。別人說這是兵仔，我說：「兵

青年林成枝。（林成枝提供，宋隆泉翻攝）

仔怎麼會是這樣。」站衛兵時，上著刺刀、撐著雨傘，哪像個軍人。日本兵訓練很嚴格；我們被訓練成用眼睛向前看，用耳朵可以聽到後面的動靜。

我的日本班長還說在中國大陸打仗，非常簡單；下雨天時，只要站在山上算山下的雨傘，就可以知道對方有多少人。一個人一支雨傘，三百支雨傘就有三百個人。他還說了更有趣的事情：打仗時，在兩個山頭上對峙，槍彈互相射擊；晚上時，中國兵和日本兵都下山來交換補給品，隔天天亮時再開打。他們都聽槍聲，如果是從山上發出來的，就不用怕；如果是從前面打過來的，就趕快趴下。

二、打電報到中國

所謂打電報到中國大陸的事情是這樣的。電報不是我拍的，但我是在場的一個人。因爲終戰時，我剛好在電信局工作。

我是讀商的，本來要去合作社做事。因爲我的個性較急，說話較大膽；那時候，合作社的經理還沒來，還不知道有什麼工作給我做。當時我還沒結婚，才十八歲而已；工作就這樣擱著。剛好電信局裏有一位朋友，姓黃。我開玩笑的問他：「你幫我找個工作。」他說：「好啊，局裏面正缺人，你來就可以了。」我說：「要什麼樣的學歷？」他說：「你一定可以的。」就這樣我進去電信局線路部做事。

剛剛進去時，我本來想裏面做事的人年歲可能較大，進去後才發現都是年輕一輩，話很談得來。剛進去，擔任引線路、牽電話的工作。當時我心裏有點難過，我是文身，這工作性質屬於武身，對我而言，牽線這工作不合適，不過又想到要忍耐。別人進去要考試，我不用考試就可以進去，這已很好了。於是就忍耐，忍耐地待了一段時間。

拍那個電報，是在二二八剛發生以後。當時電報局走了很多人，局裏剩下沒有幾個人，局址在基隆現在愛三路和仁一路的十字路口。我的任務是修理電話；可以稱得上是修理電話的專家。本來剛進去電信局的時候，我是外行，引我進去的那個人，他有一些日文的書，我會日文，把這些書看了就爬上去修理，反倒成爲專家。

在二二八的時候，基隆要塞司令部電話壞了，去電信局問說什麼人會修理。後來那個兵仔就到家裏來找我，跟我說他是司令部的通訊兵，拜託我幫他修理電話等等；我就跟他去。他和我之間語言可以溝通，因爲他是福建人。我幫他把電話修理好，就回家。

因爲電信局的線路要保護，他被派來保護我們這些人員和保護電信局。我們每天和他們在一起，彼此之間非常投緣。至於他姓什麼、叫什麼名字，我不知道，他的年紀在二十六歲到二十八歲之間。

有一天下午，是二二八發生之後，街上已經平靜沒有什麼事了。吃完中飯後，他來電信局，向我說：「喂！喂！少年的，我們來樓頂上拍電報。」我就問他說「打電報做什麼？」他說：「司令部打電話來，叫我拍一個電報。」我就跟他上頂樓去。這個電報不是我拍的，因爲我不會拍電報；是上面一個姓曹的報務員，也是臺灣人。通訊兵對曹先生說：「你幫我拍一個電報。」是用臺灣話說的，因爲那時候國語大家都不會講。曹問：「你要拍到哪裏？」當時他是講要拍到北京、還是南京，時間太久了，我忘記了。曹又問：「你要拍怎樣的電報？」他說：「你拍『臺灣造反』。」我就說：「臺灣沒造反，你怎麼說『臺灣造反』？」他說：「這樣拍過去，那邊的兵仔會快點來。」我問說：「爲什麼兵仔要快點來？」他沒說什麼。他又叫姓曹的說：「叫兵仔從基隆和高雄一起進來。」我說：「差不多幾點？」他說：「差不多兩、三點，你在兩、三點就不要出來，要開槍的。」我當時沒想到會有什麼事情會發生。

這封電報發信者是司令部通信部隊，那一邊接收的單位就不知道了。當時的報務員直接以數目字拍過去，電文完整的內容我就不知道了。翻譯成的漢文，只有報務員知道。因爲沒有我的事情，我就站到旁邊去了；電文眞正的內容，我也不知。正確的日期也忘記了，去查軍隊哪一天進來就知道了。拍完電報之後，就下樓來了。

隔天軍隊就進來了。

軍隊進來，在電信局附近街道的三角交叉處開槍亂打。我們問：「現在要怎樣回去？以後要怎樣來上班？」這個通訊兵才送我們回去，上班時再送我們去上班；以後，每一個人發一個識別圈戴著，是司令部發的；我們都沒有發生事情。

當時拍電報的曹先生，以後繼續住在基隆，現在已經腦充血。拍電報這件事情，只有我、他和另外的一個通訊兵，三個人知道而已。隔了一年以後，通訊兵被軍隊調回大陸。回大陸之前，他來家裏找我說：「我現在要回去大陸了。」我說：「眞的嗎？你要回去了，以後再來玩。」他說好的，從此以後再也沒有消息。

電報只拍幾秒而已，差不多是一分和一分左右的時間。到底拍幾字，我也不知道。他念，曹就打，速度很快；曹是一個很優秀的報務員，對電報我是完全外行。

以上講的是我一生最記得的事情。怎麼會記得，因為這是踏出社會，第一次賺錢就發生的事，四十多年來就這樣記在心裏面。當時被冤枉的人很多，沒有和人打架、或是打人，就被捉去了。可能有牽涉、但有辦法的人，卻跑走了。我的親戚朋友是不是有被捉走的，當時大家都不敢講；四十幾年來，大家也都不敢講。現在較為民主，所以這事我才敢講，以前你問我，我也說不知道。

臺灣電信、郵政的設備和制度，原本都是接收日本人的，所以退休制度和其他員工福利，電信、郵政做得最好。在局中，當時進去的臺灣人和外省人之間，也有爭鬥。原本報務工作都是臺灣人在做，後來都是外省人在做。臺灣現在有關電信、郵政方面，很多都是接收日本留下來的，像現在臺北市博愛路的臺北郵局就是。

當時電信局裏面，有一個報務員，住在宿舍裏。下班後，將電報紙放在口袋裏，走在街上，被兵仔掠去，掠去不久就被打死，實在很冤枉。一、兩天之後，在現在文化中心前面的海裏發現屍體，兩個眼睛睜得大大的。他是一個出外人，南部來的，才從南部調來兩、三天就出事了，也不知道他的姓名，可能不是指名要捉他，是他運氣不好，聽人說是兵仔看到那張報務紙，就被捉去了；紙上寫些什麼，我也不知道。

電信局裏的人，看到他死就哭了，我也跟著哭。人死了，又是出外人，就幫他守靈；他只來了兩、三天，大家都不認識他，覺得死了很可憐，就哭了。

電信局以外，多少也有一些人死亡，只不過我不清楚。當時，外面發生什麼事，我都不知道，要別人告訴我，我才知道。在二二八的時候，我很聽母親的話，母親叫我不要出去，我就只在窗口看。當時軍隊有來這裏搜查，但沒進入我家搜查。

林太太：聽我婆婆說，當時，有一個婦女在我家門口，不知道發生了什麼事，我婆婆硬把她拉進來，救了她。後來，那個婦人帶個人來，說：「這一家是好人」，從此，軍隊就沒進來我家搜查。當時我婆婆不到五十歲，我先生不到二十歲，剛當兵回來不久。我婆婆後來說，她在三樓上，看了非常害怕。車子上載了很多人，一個一個的都載去丟掉。她說：「成枝是獨子，當日本兵回來不久，怕他發生差錯，把他看得很緊。」

曾顯林：聽說基隆碼頭有很多浮屍，我偷偷跑去看，看到許多屍體用鐵絲一綑一綑綁在一起。（宋隆泉攝）

曾顯林（小學校長退休，見證者）

受訪者：曾顯林、曾太太
時間：一九九二年十月十九日
地點：基隆市曾宅

訪者：張炎憲、高淑媛、胡慧玲
記錄：胡慧玲

大家湊在一起想辦法因應時局，最後決定召開市民大會，以爲對策。他們推我當主席，我說，這個時候，當主席的人，至少要能講很流利的臺語，我的臺語不行，經常摻雜著日語，實在不合格。那時候有個醫生名叫郭守義，他從日治時代就和日本人在九份地區拚過，自告奮勇當主席。於是我們就召開市民大會，郭守義當主席。

三月中旬，青年軍從基隆登陸，展開大屠殺，郭守義也被抓去打死。郭守義出殯時，出殯隊伍經過仁愛國小，我站在學校樓上目送，不敢去參加，生怕被抓去。那時候眞可憐，連朋友的葬禮都不敢參加。我常常想，如果當時擔任市民大會主席的是我，那麼，出殯的是我，站在暗處送行的，可能就是郭守義了。

我是一九二一年出生的，基隆人，二二八事件時，我在基隆教書，後來一直在教育界服務，學校校長任內退休。父親曾任基隆市參議員，名叫曾林兩成。林是我們的本姓，祖父被曾家招贅，變成「曾林」的複姓。日治時代不准複姓，所以我取名曾顯林，以姓當名之意。

一九四五年十月，我隨左右鄰居去基隆碼頭迎接國軍。第一天沒接到，第二天再去迎接一次。國軍下船時，那樣的軍容，實在令人大失所望。我們以前看到的日本軍人總是服裝畢挺整齊，皮鞋光亮。但是在基隆迎接到的國軍是穿草鞋，扛鍋擔灶，扁擔上掛著一隻牙杯，既吃飯又喝水。這羣乞丐兵上岸之後，更是亂來，拿紙幣到臺灣騙吃騙喝，很快就把臺灣弄得物價飛騰，民不聊生。

那時候我在學校教書，農曆過年時，校工來報告，說軍隊開進學校裏來了，整個學校被弄得亂七八糟，還把教室裏的桌子椅子搬去當柴燒。我去找他們理論，因爲言語不通，只好比手劃腳和筆談，誰知他們呼的一聲，竟然拿出槍來對準我。談不下去了，沒辦法，只好眼睜睜看他們胡作非爲。

二二八事件之前，應該是一九四六年，基隆有過一次紀念五四運動的遊行，是周金波他們發起的。基隆中學的學生、日本留學回來的學生和其他學校的學生，上街遊行，海報貼得四處都是。後來與警察發生衝突，被憲兵隊包圍，學生代表還被掠進去警察局裏面。

到了一九四七年，基隆往現在海洋大學的祥豐路上，日治時代的要塞司令部，戰後被國民黨接收，依然是要塞司令部。三月以前，就有士兵上街開槍殺人的事情發生。馬路上常常聽到槍聲，騎樓下也常有人慌張跑動。

當時我們在基隆有一個組織，成員是日治時代中等學校畢業，有正當職業者，每個月初三聚會聯誼一次。二二八事件後沒多久，也就是三月初三，我們照常聚會。臺北那邊的人拿印刷傳單來，說，臺北那邊已經拚起來了，你們竟然還在這裏喝燒酒。

大家想想也是，於是湊在一起想辦法因應時局。最後決定，應該召開市民大會，以為對策。他們推我當主席，我說，這個時候，當主席的人，至少要能講很流利的臺語，我的臺語不行，經常摻雜著日語，實在不合格。那時候有個醫生名叫郭守義，他從日治時代就和日本人在九份地區拚過，自告奮勇當主席。於是我們就召開市民大會，郭守義當主席。

三月中旬，青年軍從基隆登陸，展開大屠殺，郭守義也被抓去打死。郭守義出殯時，出殯隊伍經過仁愛國小，我站在學校樓上目送，不敢去參加，生怕被抓去。那時候眞可憐，連朋友的葬禮都不敢參加。我常常想，如果當時擔任市民大會主席的是我，那麼，出殯的是我，站在暗處送行的，可能就是郭守義了。

二二八事件後，廟口的少年人，有人說要起來做什麼的。那時候基隆的軍隊被調去臺北鎮壓，基隆的阿兵哥沒剩幾個。我告訴那些廟口的少年人說，要不然我們就趁此機會去占領仙洞的砲臺。但是沒有人要去。

大約是三月二日那天，我出門去，經過廟口。那邊好亂，打來打去。回到家裏，剛好我光隆商職的學生叫許新德，來家裏找我。我們講話講到晚上，外面槍聲隆隆，我說太危險了，勸他不要回家。

但是他堅持要走。那天晚上，他回家途中，在木橋那邊，就被士兵開槍，打中手臂，後來手術鋸掉一隻手。許新德現在人住三重，他和基隆市政府社會局長林朝枝是同學。

那時候基隆市參議會曾組織二二八處理委員會，大屠殺時，副議長楊元丁被抓走，帶到基隆郵局那裏，當場打死。我父親也是參議員，幸好沒被叫去，否則也是死路一條。參議員楊阿壽，他兒子也被打死。再來就是後來的議長林太郎，他的哥哥在碼頭做生意，事情發生時，姪子揹著他，走到基隆港時，父子兩人雙雙都被打死。

大屠殺時，父親把我關在家裏的地下室，不讓我出門。聽說有人躲到南榮公墓那裏，風平浪靜後才回來。由於關在地下室，二二八的事情我並不很清楚。後來聽說基隆碼頭有很多浮屍，我曾偷偷跑去看，看到許多屍體用鐵絲一綑一綑綁在一起。那時看到很多死人，田寮港那邊比較少，淺水碼頭的屍體比較多。

三坑仔那裏住有一個八堵的人，也被掠去打死。基隆有一個醫生，姓黃，三重人，被南榮派出所的警察找去三坑仔的礦坑陳屍現場驗屍，發現死者身上有五十幾處刀傷，都是刺刀刺的。

我有一個朋友，現在在基隆第一國際獅子會，大約七十幾歲，年輕時曾去大陸當兵。二二八事件前，他在基隆要塞司令部當兵，負責修理電器，辦公室電扇壞了或什麼的，經常找他去修理，所以他知道很多事情。比方當時如何掠人，如何刑求等等，他常常告訴我，但是不肯告訴別人。

那時候常常有阿兵哥強姦婦女、搶銀樓的事情。陳誠來了以後，軍紀較嚴，曾在義二路第二分局的十字路當場槍斃阿兵哥，我還專程去看，以後連市虎（軍車）當街壓死路人的事情也少多了。

曾太太：終戰那年，我還在唸書，學校要我們去碼頭迎接國軍。大家都很高興，拿著旗子，去港口迎接。到那邊，一看國軍亂七八糟的隊伍，我們有人當場就放聲大哭。過去日本兵，個個有樣子。基隆碼頭我們迎接的士兵，個個身上揹著奇奇怪怪的東西，綁腿又綁得凹凸不平。這竟然是我們要迎接的國軍？

張桂章：我有幾次死裏逃生的經驗，也親眼目睹國軍的殘忍屠殺。（宋隆泉攝）

張桂章（參議會後補參議員，見證者）

受訪者：張桂章
時間：一九九二年十一月四日
地點：基隆市張宅
訪者：張炎憲、胡慧玲
記錄：胡慧玲

我是基隆市參議會的後補第二名參議員，二二八事件前，聽說臺北出事後的一兩天，我去市參議會，看看有什麼事。坐在議會樓上，忽然聽到外面有砰砰砰的槍聲，接著又聽到轟轟轟有很多人逃竄的聲音，馬上有人躲進參議會裏面來。後來又有子彈咻咻咻從外面射進，大家嚇得趴在地板上。

一陣驚魂後，才恢復平靜，現場並沒有人死亡。我趕緊從參議會回家，路途中，發現有兩個人死亡，一個死在現在基隆二信隔壁的騎樓下，一個死在市場那邊，以前的博愛團對面的騎樓。死者都是年輕的男子。

我是張桂章，一九二○年出生於基隆。曾任基隆市參議會後補參議員，因此，二二八事件中，有過幾次死裏逃生的經歷，也親眼目睹國軍的殘忍屠殺。

我父親張阿福，板橋人。九歲喪父，他自己做童工，半工半讀，唸了幾年的漢學和兩年的日本公學校，二十歲時，搬到基隆做礦，從此定居下來。

父親在基隆做日本「三井礦業」的「包辦」，也就是說，三井公司有採礦權，我父親在其下負責組織採礦公司，僱用採礦師傅，師傅再去找採礦工人，完成整個採礦作業。

我母親姓顏，外家在錫口——現在的臺北松山，聽說與基隆顏家還有往來，但不是正房親。

我在基隆讀「壽」公學校、基隆中學校，然後去日本讀東京武藏野高等工業學校。二二八事件死難者、任職臺灣銀行宜蘭分行營業課長的林蔡齡，就是我基隆中學校的同學。一九四四年年初，我畢業後，從日本回來，先是在日本航空公司臺北支所，也就是現在的松山機場做事，做飛機班次的調度。那時候機場還有民航機，但大都已被軍方租用。除了大會社的社長或大人物要去南方或上海等地，才可能搭乘，平常不對外公開售票。我在松山機場做了一年多，得了天狗熱，發高燒到全身顫抖，主管看我這樣無法工作，就叫我請病假，先回家休息一個月再說。這一病使我死裏逃生，因爲就在我請病假期間，一九四五年，美軍大舉轟炸松山機場。松山機場轟炸後，父親說太危險，不准我回去上班。我就只好在基隆家裏幫忙看店。戰後我回松山機場，已面目全非，整個事務所都不見了。

基隆船多，我們家開「船頭行」，做船的生意。泉州等地的船，載了麵線蝦米私菸來，在船頭行寄賣，船頭行抽成做利潤。那時候，基隆海岸常常停滿了船，現在的仁二路忠一路，火車站前面的城隍廟，前面就是淺水碼頭，帆船可以直接駛入憲兵隊那附近。

二二八事件前，聽說臺北出事後的一兩天，因爲我是基隆市參議會的後補第二名參議員，我去市參議會，看看有什麼事。坐在議會樓上，忽然聽到外面有砰砰砰的槍聲大作，接著又聽到轟轟轟有很多人逃竄的聲音，馬上有人躲進參議會裏面來。後來又有子彈咻咻咻從外面射進，大家嚇得趴在地板上。

一陣驚魂後，才恢復平靜，現場並沒有人死亡。我趕緊從參議會回家，路途中，發現有兩個人死亡，一個死在現在基隆二信隔壁的騎樓，一個死在市場那邊，以前的博愛團對面的騎樓下。死者都是年輕的男子。

那時國民黨的援軍還沒來，開槍殺人的，應該是派出所的警察。事實上，我幾乎認得是哪一個警察開的槍，因爲在回家的路上我曾遇見他，一個外省人。

過幾天，博愛團樓上有一個里長，做人硬氣，直來直往，不看場面，和外省人發生爭執，結果當場被他們打死在路口。但是我並沒有親眼看到，因爲那時我已經不太敢出門，只是聽人家說，可憐呀，某某某被打死了。

我住這裏，以前叫做福德町，日治時代基隆最繁華的地方，街道原本是兩排連著的三樓半的磚房，也是基隆最高的房子。

國軍登陸後大約兩、三天，有一天，有一個福州警察帶著另一個里長模樣的人，來我們家，問說，張桂章在嗎。家裏人看他們來勢凶凶，不會有好事，再加上這陣子基隆的槍聲和屍體，使他們非常警覺。於是家人很大聲的說，張桂章不在。其實，那時候我正在二樓，聽見聲音，大約知道是什麼事情，就趕快跑上屋頂，逃向隔壁人家的房子，直到他們離去後，我才敢回來。

又有一天，他們半夜來搜查。我們都還在睡夢中，砰砰砰的撞門聲後，他們闖進來，把我們全部叫醒，開始翻箱倒櫃，上上下下搜查。那次搜查應該是要找武器或違禁品之類的東西，並沒有一一點名，否則我可能就被掠去了。

以上幾次都是我死裏逃生的經過。

那時候我覺得，他們好像有意屠殺三十歲以下的臺灣男子，所以我幾乎都不出門，以免不小心就被掠去。雖然聽說碼頭那邊有很多屍體，有人去看，也有家屬去認屍，但我都不曾去過。只是每天晚上九點以後，就會聽到碼頭那邊傳來不絕的槍聲。

後來我曾聽說，有一個碼頭苦力也被掠去要槍斃，他雙手雙腳被鐵線反綁，和一羣人跪在碼頭，等著槍決。結果他命不該絕，別人中彈後跌落海，黑暗中，他也順勢哀號跌落海。那個苦力很能游，不知是怎麼掙脫手腳的鐵線，就從四號碼頭那邊游泳逃生了。死裏逃生後，他四處講他的驚魂記，很多人都知道。

我所知道的，大約就是這些。但是我相信，實際死亡人數一定比我們知道的，還要多很多。在基隆，很多人是從外地掠來的，有的關在要塞司令部，有的純粹是掠來要向家屬揩油勒索的，如果沒有及時拿錢去保，幾天後就掠去海邊槍斃掉。

我有一個基隆市政府的同事，河北人，名叫李福臣，青年軍出身的。二二八事件後，他們從中國奉調來臺鎮壓。有一次他告訴我說，出發當時，他們聽說臺灣的情況非常嚴重，到基隆港時，有可能要打一場激烈的登陸戰。結果，他覺得好意外，從船抵達基隆到靠岸到登陸，都是靜悄悄的，聽不到一聲槍聲，沒有受到任何攻擊，一點狀況都沒有。

當時李福臣就覺得很奇怪，心想，是不是所有的情報都是假的。

可見，二二八事件後，陳儀發布不實的報告給中央，中央又太相信，以致後來會有「血洗臺灣」的事情。

經過二二八的教訓，今天我要强調的是，臺灣人的氣質和精神，完全和中國人不一樣。臺灣人的文化，從一九二〇年代以後，就進入一個新的時代。依日本的學制，是小學六年、中學五年、高等學校兩年，大學有四年制的大學部和三年制的專門部。我個人就是從壽公學校畢業後，讀基隆中學校，然後到日本讀工業專門學校。

大正時代，臺灣還是純粹的殖民地，州立中學校並不對臺灣人開放。昭和以後，臺北州就有一中、二中，一中給日本人就讀，二中給臺灣人讀。基隆中學創校比較晚，宜蘭只有一家宜蘭農林學校，名稱是臺北州立宜蘭農林學校，另外臺北還有三個高等女學校。

日本式的教育不在洗腦。我讀日本書，深深體會他們從頭到尾就是敎你一個字：正直。不正直，很難在日本社會生存。是就是，不是就不是，不容你强辯。做錯事就要道歉要認錯，或者引咎辭職。

在中國人的統治下，我們無法發揮臺灣人的氣質和精神，反而被他們拖累成整天說謊的人。他們說，臺灣人也是大陸來的。沒錯，我們張家十三世在大陸，十四世以後才到臺灣來，我的孫子已是第二十一世。但是我們的氣質已經變了。沒那麼衰，還跟他們同一款。

日治時代，生活穩定，臺灣的幣値，年初是一元，年尾還是一元，絕對不可能像什麼金元券、法幣那樣的大變動。我們也不需要裝什麼鐵窗鐵門的，不會有這種丟臉漏氣的事情。戰爭時，「疏開」去鄉下，過了許久才回來，門還好好的，屋子裏面的東西不怕被人拿走。

臺灣人的氣質和精神，與他們都不同，絕對不同。他們動不動就說我們是一家人，其實，觀念都不一樣，怎麼會是一家人。我們被日本人敎育五十年，完全被同化，變成正直的人，講謊話會被人吐口水的，我們和他們沒辦法做一家人。這是二二八事件的遠因。

菜市場殺豬的、賣雞的，最恨那些「錢仔兵」。我們去買東西，不管是大人小孩，多少錢就是多少錢，一律不二價，大家都規規矩矩。但是錢仔兵不這樣，很亂來，所以常常有衝突、打架的事發生。

日本殖民臺灣五十年，已經正式經營臺灣了。同樣是外來政權，差別卻很大。他們一來就是要錢，把工廠幾乎整個拆下來，找個估物商隨便估一估，就賣了，錢納入私囊最要緊。臺灣的工業一部分毀於戰火，其餘全被中國人拆了。

附錄：大基隆地區二二八受難者統計表（依據本書採訪紀錄，姓名明確者）

高淑媛

姓名	受難年齡	學歷	職業	受難日期	受難地點	受難情形
郭呆仔	五一	不詳	農人	三月十一日	金山農田	途中被槍殺
游竹根	三九	不詳	金瓜石里長	三月十七日	金瓜石車站廣場	槍決
郭守義	三五	東京昭和醫專	博愛醫院院長	三月二十二日	基隆要塞司令部	槍決
許清風	二七	臺北工業學校	大東公司廠長	三月	七堵火車站	槍決
莊木火	四五	早稻田大學	瑞芳小學校長	三月十六日	瑞芳市場	槍決
陳老九	三〇	讀過漢學	碼頭工人	三月十九日	東岸碼頭	石頭砸死踢入水中
翁麗水	三九	不詳	碼頭工人	三月	基隆港口	回家途中被槍殺
楊元丁	四九	桃園公學校	基隆市副參議長	三月八日	基隆港口	警察槍殺
謝福清	三三	不詳	肉販	三月	基隆港口	槍殺
杜源昌	二一	不詳	修船木匠	三月十三日	社寮島	八尺門槍斃
藍燈旺	二一	不詳	修船木匠	三月十三日	社寮島	八尺門槍斃
呂金土	二二	不詳	修船木匠	三月十三日	社寮島	八尺門槍斃
劉新富	二九	高等科畢業	新發鐵工廠老闆	三月十三日	社寮島	八尺門槍斃
許海亮	五八	臺北農業試驗所	臺北縣參議員	三月十一日	金山	槍殺
陳天賜	二五	安樂公學校	礦工	三月	遠東戲院	行方不明
林木杞	二七	不識字	礦工、工友	三月	基隆第二分局	落海後逃生

姓名	受難年齡	學歷	職業	受難日期	受難地點	受難情形
張梓隆	二九	公學校畢	鐵工	三月	愛四路	用五萬元買命
林阿土	二五	公學校畢	礦工	五月二十七日	家裏	野柳海邊槍決
楊國仁	二一	不詳	國小教師	三月十二日	家裏	浮屍田寮河
周金波	二六	日本醫科大學	牙醫	三月九日	家裏	用錢買命
陳步錫	三二	不詳	里長	三月	家裏	重傷臥床，隔年亡
蘇仁正	一九	臺北工業學校	學生	三月十九日	家裏	行方不明
許金來	二七	讀過漢學	建築工	三月	月眉山	槍殺
林清泉	二七	九份公學校畢	金店老闆	三月九日	家裏	槍決
陳朝輝	不詳	臺北工業學校	基隆煤礦助理工程師	三月十四日	基隆煤礦	槍決
周木榮	三四	公學校肄	礦工	三月	田仔內	行方不明
許登瑞	三五	瀧川公學校畢	造船技師	三月十一日	南榮路派出所前	槍決
簡火木	二七	不詳	賣米生意人	三月	博愛團	被掠三次

後記

張炎憲

繼《悲情車站二二八》之後，出版這本《基隆雨港二二八》，大基隆地區的二二八口述歷史工作告一段落，心中存之已久的心願，也算暫告一階段的完成。

選擇在基隆做二二八口述歷史，有偶然因素的促成，也有主觀意願的趨使。偶然，是由於二二八關懷聯合會理事長林宗義教授的委任，我才接下這份口述歷史訪問的工作。至於心中存之已久的心願，是因為自從一九九一年推動噶瑪蘭二二八口述歷史工作之後，就很希望能夠繼續做其他地區的口述歷史工作。二二八事件，至今已經四十七年了，做口述歷史，老成凋謝，往者已矣，確是為時已晚。即使為時已晚，但若現在不做，日後更是補救無法，後悔莫已。況且要突破官方思想的宰制和資料的壟斷，唯有從民間著手，從活生生的庶民體驗入手，才有可能重建臺灣人民的歷史形象。

基隆，在二二八事件中，是全臺灣人民死難最慘烈的地區之一，也是國民黨軍隊登陸之後，屠殺百姓的起點。選擇基隆做為口述歷史的工作地區，一方面是為了追究國民黨軍隊無法無天、目無法紀的屠殺真相，一方面也為了了解基隆煤礦工人、碼頭工人、船塢工人等庶民大眾的苦難。

在訪查過程中，受訪者率真的表達方式，悲情的流露無遺，常常令我為之震撼，更讓我體會出社會的脈動，民衆的心聲。口述歷史的工作過程中，無疑的，充滿了挫折、不安和困難，這種錯綜複雜的體驗，卻使我更加滿心感謝。對一個經常身處圖書館、史料堆的歷史工作者而言，這種體驗，伴隨而來的結果是，寬闊了視野，豐富了智慧，堅定了信念，更能夠筆直去走自己往後的路。

大基隆地區二二八口述歷史的暫告完成，必須感謝的人實在太多。謝謝簡定春先生、李文元先生、黃永家先生、曾顯林先生、莊聰智先生、魏泰弘先生、廖中山教授、林黎彩女士、高李麗珍女士、林雅卿女士、李月美女士、李文卿先生、蘇豐富先生、周清標先生和張壬癸先生等，由於諸位女士先生的種種協助，和二二八關懷聯合會與理事長林宗義教授的支持，調查訪問工作才得以順利完成。感謝自立報系出版部魏淑貞女士、李彩芬小姐、何惠華小姐的幫助，才使這本書能按期出版。其他或多或少或直接或間接幫忙的熱心人士，想必會了解我們的滿心感謝，也會諒解我們不在此一一細列您們的大名。最後，我們更必須感謝所有接受採訪的受難家屬和見證者，由於您們勇於祛除恐懼、面對痛苦的根源，基隆二二八事件的眞相和風格，才得顯現。

國立中央圖書館出版品預行編目資料

基隆雨港二二八／張炎憲，胡慧玲，高淑媛採訪記錄--第一版.--臺北市：自立晚報出版:吳氏總經銷,1994〔民83〕

面；　公分.--(臺灣本土系列.二；49)

ISBN 957-596-284-2(平裝)

1. 二二八事件

673.2291　　83000521

臺灣本土系列二之㊾

基隆雨港二二八

贊　　助：二二八關懷聯合會
策　　劃：吳三連台灣史料基金會
採訪記錄：張炎憲　胡慧玲　高淑媛

董 事 長：吳和田
發 行 人：吳豐山
社　　長：陳榮傑
總 編 輯：魏淑貞
主　　編：李彩芬
文字編輯：余敏媛
美術編輯：何惠華
行政編輯：吳俊民
行　　銷：季沅菲　弭適中　彭明勳
　　　　　林徵瑜　王芳女　許碧眞
出　　版：自立晚報社文化出版部
　　　　　台北市濟南路二段十五號
　　　　　電　話：(02)3519621轉圖書門市
　　　　　郵　撥：0003180－1號自立晚報社帳戶
　　　　　登記證：局版台業字第四一五八號
總 經 銷：吳氏圖書有限公司
　　　　　台北市和平西路一段一五〇號三樓之一　電話：(02)3034150
法律顧問：蕭雄淋
印　　刷：松霖彩印有限公司
排　　版：陽明電腦排版公司

定　　價：二八〇元
第一版一刷：一九九四年二月

ISBN 957-596-284-2(平裝)